年金だけに頼らない

不動産による
ライフプランの作成

筧　正治 [著]

創 成 社

はじめに

　長寿社会を迎え定年後の長い時間を楽しむ時代が到来しました。旅行に行く，趣味に没頭するといったゆとりのある時間を楽しむ人が増えています。また社会の煩わしい人間関係に左右されずに，自分のペースで好きな仕事をのびのびと行いたいという人も増加しています。社会の枠や規定の概念にとらわれない生き方が認められる時代が到来しつつあるといえます。しかし一方で定年後や会社を辞めた後の生活に不安を覚えている人も多くいます。多くの人が不安に思うのが，定年後の暮らしを支えるには年金額があまりに少ないということでしょう。厚生年金の平均受給額は1世帯あたりで220,724円（2020年）しかありません。他方，生命保険センターの「令和元年度，生活保障に関する調査」によるとゆとりのある老後の生活には少なくとも月額で36.1万円程度が必要であるとしています。そうすると厚生年金受給者は年金の他に世帯で月額14万円程度のキャッシュフローを確保していかなくてはなりません。

　キャッシュフロー確保の方法の1つが不動産投資です。オーストラリアでは4つの賃貸物件を所有したら賃貸収入で残りの人生を謳歌できると言われています。日本はオーストラリアと違い人口が減少していくので高いお金をかけて不動産投資をしても仕方がないと思われる方もいるでしょう。確かに日本では人口は減少していきますが晩婚化，非婚化，離婚などで世帯数は増加しているので場所を間違えなければ賃貸需要は増加しています。また不動産投資は数千万円，数億円かけて投資するリスキーなマーケットだという指摘も正解とはいえません。例えば築20年以上の住宅なら首都圏でも数百万円で販売されています。中古物件を購入する不動産仲介業者の目的は転売であり賃貸ではないので20年も過ぎたような住宅への関心は深くありません。そのため賃貸用の

住宅は格安で購入できるのです。他方，子供が騒いでも気兼ねしなくてよい，ガーデニングができる，好きな楽器が弾けるなどの需要を満たす賃貸住宅に住みたがっている人の数は多く需要は旺盛です。そのような中古の住宅を3軒ほど運用すれば年金ほどの収入はすぐ得られます。

　このように賃貸事業経営は他の業界に比べて競争は低いと言われています。小規模の賃貸事業者でも大規模事業者と比べても1㎡あたりの建築コストはあまり変わりありません。むしろ個人事業主の方が居室を差別化できるとか，従業員を抱えていないためにコスト的に優位に立てるなどの点にメリットがあります。大手賃貸事業者は従業員を抱え彼らの生活を支えていかなくてはならないので，画一的なサービスに徹し思い切った戦略に出ることができないのです。このように不動産ビジネスは，個人の創意工夫によって業績に大きな差が出る事業性の高いビジネスです。さらに賃貸事業は他の多くの事業者との連係プレーが必要です。不動産賃貸事業には不動産仲介業者，不動産管理業者，銀行などの金融機関，便利屋（雪深いところでは除雪などをお願いする），シルバー人材センター（建物の巡回，清掃などをお願いする），保険代理店（火災保険・地震保険など），税理士，弁護士，工務店，職人など様々な分野のエキスパートとの連係が必要になってきます。不動産賃貸事業を行うには多くの勉強が必要です。そして他のエキスパートと協力しお互いに刺激を与えあってスキルを高めていくことができます。このような事業運営は賃貸事業運営者であるオーナーに経営者であることの責任感と尊厳を感じさせ，自分の創意工夫を生かすことで自己実現を図ることのできる貴重な時間を与えてくれるでしょう。退職後に暇で困っている時間はありません。生きていくために，新たな生き甲斐づくりのために新たな挑戦を始めようではありませんか。この本はライフプランに賃貸経営をどのように取り入れるかという視点から賃貸経営の計画，調査，リノベーション，税務，不動産購入のための資産形成，出口戦略までのすべてを網羅した本です。本書が皆さんの長い航海の一助となることを願ってやみません。

　2021年3月コロナ禍で急逝した亡き母 工藤知恵にこの書を捧げます。

　2021年12月

　　　　　　　　　　　　　　　　　　　　　　　　　　筆　者

目　　次

第1章

資産運用と不動産投資

　人にはそれぞれ人生の中で達成したい夢や希望があるはずです。例えば老後はハワイに別荘を持って年間3か月間はゴルフ三昧の日々を送りたいなどです。このように通常の生活以外に，自分の達成したい希望のために使う資金をライフプラン資金といいます。ライフプランを実現するためにはお金が必要です。しかし先述したように厚生年金受給者で平均19万円，国民年金受給者で10万円程度のキャッシュフローでは生きていくこともままならず大きなライフプランも絵に描いた餅にすぎません。将来的に年金は社会保険料に消えると考えた方がよいでしょう。安定的なキャッシュフローを得る方法に不動産投資があります。しかし収益のでる不動産は高価です。そこでこの章では不動産投資を資産運用の一部ととらえ，不動産を形成するまでの資産運用方法と不動産による安定的なキャッシュフローを確保する方法の2つを学びます。

1−1．アセットアロケーション

　アセットアロケーションとは資産配分のことです。資産は（1）流動性資金，（2）安定性資金，（3）成長性資金の3つに分けられます。（1）流動性資金は何かあったときすぐ出せるお金で現金や預金などを指します。例えば自分や家族が交通事故や天災に遭ったとき即座のお金が必要です。HSBC（Hong Kong Shanghai Bank Corporation）は流動性資金として最低6か月の給料分は投資にまわさず現金や預金など流動性資金としてすぐ確保できるようにすることを薦めています。例えば手取りが50万円の人ならば300万円はすぐに引き出せる状態にしておく必要があるということです。

2

図表1-1	アセットアロケーション

アセットアロケーション	① 流動性資金‥‥すぐに出し入れができる Cf.（現金・預金）
	② 安定性資金‥‥リスクをとらない Cf.（定期預金・国債）
	③ 成長性資金‥‥リスクをとり，成長を狙う（10年間は置いておける） Cf.（株式・外貨預金・不動産）

　（2）の安定性資金とは元本が保証された資金です。定期預金や国債などがこれにあたります。定期預金は普通預金より若干金利がよいものです。また国債とは国の借金です。徴税しても足りないお金を借りるために発行するのが国債です。国債の購入者は金利をもらうことができますが国の役割は富の分配（年金や健康保険など）であるため借金に対し多くの金利を払うことはできません。これに対して富の創造をするのは企業です。そこで大きく資産を増やそうとするならば株式などの成長性資金にお金を入れる必要があります。金利はインフレやリスクなどにより上下するため，債券価格も変動します。金利が安いときに購入した国債は金利が高いときには安くしか売れません。例えば2％しか金利が付かない国債を5％の金利が付く時代に売却しようと思っても購入する人はいないからです。このような時は買った値段よりも安く国債を売却する必要があります。しかし国債が償還するまでじっと待っていれば購入に支払った国債の元本は戻ってきます。この点で国債は安定性資金といえます。

　（3）成長性資金とは大きく資産を増やすための資金です。具体的には株式や外国債券，不動産などです。まず株式と債券，この2つの投資を繰り返すことによって資産形成を成す方法について述べ，次にその資産の一部を不動産に振り向けるのが理想だという点について述べます。

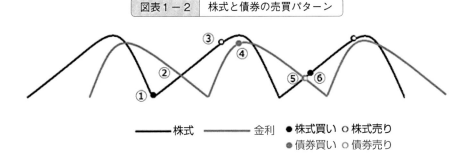

図表 1 − 2　株式と債券の売買パターン

──── 株式　　──── 金利　　● 株式買い　○ 株式売り
　　　　　　　　　　　　　　　　● 債券買い　○ 債券売り

　具体的には図表 1 − 2 のようです。図にある①〜⑥までの数字の位置は下の解説と連動しています。

①株式の購入ポイント

　景気が悪ければ株価は低迷し金融機関も企業への貸し出しを渋るわけです。金融機関が融資を渋る最悪の状況下（●の点）で最後の貸し手となるのは金銭的に余裕のある個人投資家になります。そこで①●の地点が株式投資のポイントとなるわけです。

②中央銀行の利下げ

　景気が悪くなれば中央銀行が利下げをしてくるので，住宅ローンが組みやすくなります。米国の場合住宅購入が景気の牽引車です。住宅投資が増えれば，建材や電化製品，通信設備などの需要が増える結果，設備投資が大きく回転し始めます。

③株式の売却

　落ち込んでいた経済が回復し，やがて景気が加速してきます。世界経済の牽引車である米国景気が過熱すれば，インフレ，経済的格差の拡大，先進国への難民流入などが世界中で顕在化します。そのため中央銀行は利上げをし，投資家は株式や住宅投資，設備投資への金銭流入を抑制し国債を中心とする債券に資金をシ

フトさせます。金利の上昇の最後の局面が株式売却のサインになります。

④債券の購入

　金利が高い場面で債券を購入すれば長期に渡り高金利を享受できます。例えば長期金利が 1 ％の時に国債を 1,000 万円購入しても年間 10 万円にしかなりませんが，5 ％の時に購入すれば 50 万円を確実に得ることができます。株式から債券への資金移動により株価は急速に下落していきます。景気も株価下落と軌を一にして落ちていきますので投資家はこの間は金利収入を得ることができます。

⑤債券の売却

　経済が悪化すると中央銀行は利下げをしますので，高い金利を提供できる債券は高価で売却できます。

⑥株式の購入

　債券を売却したお金で安くなった株式に再び投資すればよいのです。このように投資は株式 ⇒ 債券 ⇒ 株式 ⇒ 債券の順番で行うことによって大きな資産が形成されていきます。

１－２．株式投資

　株価の価格形成は非常にスローですが，崩れるときは山が崩落するように一気に崩れ去ります。このようなバブル崩壊の犠牲にならないような注意が必要です。日本の経験からみてみると 1 つの景気の開始から終焉までに要する期間は 7 年から 8 年です。戦後からの日本をみると復興期，高度成長期，バブルまで日本は 3 つの大型景気を経験しました。

　戦後最初の大きな経済拡張期は神武・岩戸景気といわれ，1954 年に始まり 1961 年に終了します。この間景気を牽引したのは家電製品で特に白黒テレビ，洗濯機，冷蔵庫の 3 つは三種の神器と呼ばれ，日本人のライフスタイルを大きく変え女性の社会進出を促しました。7 年 4 か月に及ぶ景気で日経平均は 5.8 倍に

図表 1 − 3　日本の大型景気と大型相場

	日経平均		上昇期間	上昇率
	安値	高値		
神武・岩戸景気	314.08	1,829.74	7年4か月	5.8倍
期間	1954年3月	1961年7月		
いざなぎ・列島改造	1,020.49	5,359.74	7年8か月	5.3倍
期間	1965年7月	1973年1月		
平成バブル	6,849.78	38,915.87	7年2か月	5.7倍
期間	1982年10月	1989年12月		

（出所）SBI 証券の資料を基に筆者が作成。

成長しています。戦後の焼け跡が消え都心が建物に覆われたのもこの時期です。

　神武・岩戸景気で産業の基礎を築いた日本経済はいざなぎ・列島改造景気で高度経済成長期を迎えます。1965 年には輸出が輸入を上回り，日本製品の品質が世界に認められていったのもこの時期です。この間を代表する製品を新三種の神器または3Cなどと呼称します。3Cとはカラーテレビ，クーラー，カーの頭文字をとったもので，これら製品を牽引役とした経済で，企業間競争が激化し生産の余剰が海外に向かうようになり将来の貿易戦争の火種を形成するようになった時期でもあります。これらの現象で 1965 年から 1973 年までの7年8か月で景気上昇率は 5.3 倍にもなりました。

　次の平成バブル景気は 1982 年から 1989 年の7年2か月間続き日経平均株価は¥6,849 から¥38,915 へと 5.7 倍上昇します。日本からの貿易輸出が増え 1985 年のプラザ合意以降急速に円高が進みます。米国からの批判が相次ぎ日本は内需拡大に舵を取ります。金融緩和や公共投資が積極的に行われ，有り余った金銭が資産バブルや株バブルを招きます。その結果マネーが市場を席捲し，金融経済の膨張により成長した経済です。しかし膨らみすぎた経済はインフレを呼び，結局当局による土地関連融資の抑制や金利引き上げ（2.5%⇒6.0%）によりバブルは崩壊しました。その後の不良債権処理の問題，貿易摩擦解消のための工場の海外移転などの問題に加え，一度始めてしまったら元に戻らない公共投資，日銀による国債の大量購入など超法規的な金融緩和が継続し日本は先進国最悪の債務を抱えた国となってしまったのです。

このように通常1つの山を築きそれが崩壊するまでに7～8年かかりました。今回アメリカで築かれている大きな株高はリーマンショックのツケを払うために行った米国中銀による2008年から2014年にわたる米国債やMBS（住宅ローン担保証券）の買い入れで膨らんだ金融緩和マネーが回収されないうちに，さらにコロナ禍の緩和マネーが加わり，行き場を失ったマネーが株式や建物資産に流れ込んだものです。しかし11年にも及ぶ株式の上昇はバブルそのものであり，バブル崩壊後は「山高ければ谷深し」の格言通り甚大な損害を経済に与えるものになると思われます。

１－３．株式投資の原則

株は安く買って高く売るという一語に尽きます。いつが買い時かいつが売り時かわかれば万人が大金持ちになるはずです。それがわからないのが株式投資の難しいところです。しかしどのくらいの値段が買い時なのか，あるいは売り時なのかということは最低20年ほどのチャートを作れば見当は付きます。逆にいえばそのくらいの期間のチャートを描けない企業に投資するのは危険といえます。企業の長い歴史の中では産業構造の変化や突発的な事態が起きます。それでも元気に生き残っている企業には時代の変化に対する適応力が備わっているのです。歴史が長く誰でも知っているような会社の株を購入し長期間保有するのが株式投資の本筋です。

この方法で株式投資をするためには時系列データをつくり，その期間の最大値，最小値を抽出し，最大値と最小値の差を3分割し，買い時，保有期間（ホールディング），売り時に分割することが必要です。図表1－4は2000年から2020年のファナックの株式の時系列データを3段階に分割したものです。

20年間の株価の長期時系列データをみると最小値が1株あたり¥4,470，最大値が¥29,475となります。この差額は¥29,475－¥4,470＝¥25,005となります。それを3で割ると¥8,335になります。この額を最小値の¥4,470に足すと¥12,805となります。そして¥4,470～¥12,805を買い時と定めます。さらに¥12,805に¥8,335を足した金額までをホールドというように定め，株価を3段階評価するわけです。このように分けると以下のようになります。

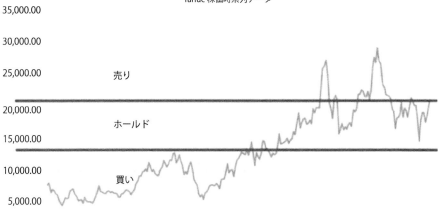

図表 1 － 4　株価の時系列データ

fanuc 株価時系列データ

買 い 時　￥ 4,470　～　￥ 12,805
ホールド　￥ 12,805　～　￥ 21,140
売 り 時　￥ 21,140　～　￥ 29,475

　最低値と最高値の差は 6.6 倍にも達します。もっとも最小値で株を購入でき
るわけではありません。しかし買い時と売り時の値段はわかっています。2004
年ごろ買い時の範囲内である￥ 8,000 で購入し，2017 年ごろ売り時の範囲内の
￥ 24,000 で売却すれば 1 株あたり￥ 16,000 の利益があります。最低取引単位
100 株を保有していれば 160 万円の利益が生まれていたわけです。この間 13
年間かかるわけですが，株式投資とは本来このように非常に長い時間をかけて
会社の成長を見守るといった姿勢が必要になるわけです。これは市場の摂理に
もかなったことです。なぜなら景気が悪いときは金融機関も資金繰りが厳しい
ので融資はしてくれません。そこで個人投資家の出番となります。誰も株に見

向きもしないような時に普段から注目していた企業の株価が買い時のレンジに
あるのを確認し投資を行う。やがて景気が回復し企業も成長する。そして利益
が十分取れるようになったと確信した時はじめて投資家も果実をもぎ取ればよ
いのです。

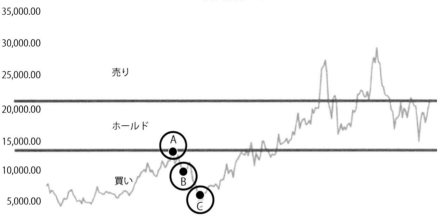

| 図表１－５ | ナンピン買い |

fanuc 株価時系列データ

次に安いと思って購入した株式が下落してしまった場合の反応です。例えば
図１－５のファナック株の買いのエリアＡ点（￥12,500）で購入したらそのあ
とずるずる安くなったとします。投資家の中には10％下がったら売却するな
ど損切ルールを定めている人が多いようですが，これではいつまで経っても資
産は形成できません。正しい答えは下がったらまた購入することです。今度は
Ｂ（￥10,000）でまた購入します。そしてまた安くなったとします。今度はＣ（￥
6,000）になったらまた買っておきます。そうすれば景気が良くなり株価が高騰
するときがやってきます。この例では 2007 年から 2014 年まで待って￥23,000

の時売却すればどうなるかの計算例です。

23,000 − 12,500 = 10,500
23,000 − 10,000 = 13,000
23,000 − 6,000 = 17,000

　3株あたり¥40,500の利益，最低購入単位の100株ずつ投資していれば405万円の利益が7年間で得られることになるのです。このように長期投資を可能にするには市場に長く存在している企業でないとなりません。新興市場や新興企業というのはブームに乗っているときはいいのですが，いったんブームが去ってしまうと倒産する恐れがあります。そこで企業を選択するときは日本では東証1部，米国ならダウ30種，S&P500などにリストアップされた銘柄の中から誰でも名前を知っている歴史の長い大手企業を選ぶというのが株式投資の本筋ということになります。

1−4．債券投資

　次に債券市場投資についてみていきます。債券を代表するものに国債があります。国は元本の償還を保証していますが，債務不履行（ディフォルト）を起こしたケースもあります。日本の戦時国債がそうです。高い金利を売り物にしているアルゼンチンやブラジルなど南米の国も債務不履行（ディフォルト）を経験しています。そこで債権を購入する場合は格付け機関（S&P，ムーディーズなど）の格付けを見て信用度を確認する必要があります。

　最も多く用いられているS&P社の指標では優れた債券はBBB以上で，特に優れた債券はAAA（トリプルA）の評価がなされています。BB以下は通称ジャンクボンドと呼ばれ債務不履行のリスクの高い債権です。日本国債の評価は図表1−6に示したように，Aで世界第24位で韓国や中国に比較しても劣位に位置しています。日本政府の債務の大きさが日本から信用を奪っているのです。購入するのなら債務不履行（ディフォルト）リスクの少ないAAA評価の国で人口が増加し成長力の高い国（インフレ圧力が高い）を選ぶべきです。これに当てはまるのがアメリカ合衆国，オーストラリア，ニュージーランド，カ

RANK	国名	ムーディーズ	S&P	フィッチ
1	■ドイツ ■C	Aaa →	AAA →	AAA →
1	■ルクセンブルク ■C	Aaa →	AAA →	AAA →
1	■オランダ ■C	Aaa →	AAA →	AAA →
1	■スイス	Aaa →	AAA →	AAA →
1	■デンマーク ■	Aaa →	AAA →	AAA →
1	■スウェーデン ■	Aaa →	AAA →	AAA →
1	■ノルウェー	Aaa →	AAA →	AAA →
1	■シンガポール	Aaa →	AAA →	AAA →
9	■オーストラリア	Aaa →	AAA →	AAA ↘
10	■カナダ	Aaa →	AAA →	AA+ →
11	■米国	Aaa →	AA+ →	AAA ↘
12	■ニュージーランド	Aaa →	AA+ →	AA ↗
13	■オーストリア ■C	Aa1 →	AA+ →	AA+ →
13	■フィンランド ■C	Aa1 →	AA+ →	AA+ →
15	■フランス ■C	Aa2 →	AA →	AA ↘
16	■韓国	Aa2 →	AA →	AA- →
16	■香港	Aa3 →	AA+ →	AA- →
18	■英国	Aa3 →	AA →	AA- →
19	■ベルギー ■C	Aa3 →	AA →	AA- ↘
20	■チェコ ■	Aa3 →	AA- →	AA- →
21	■エストニア ■C	A1 →	AA- →	AA- →
22	■アイルランド ■C	A2 →	AA- →	A+ →
22	■中国	A1 →	A+ →	A+ →
24	■日本	A1 →	A+ →	A ↘
25	■スロベニア ■C	A3 →	AA- →	A →

図表1-6 世界各国の国債の評価

（出所）Let's Gold Net

ナダなどです。外国債券の購入にはそれぞれの国の通貨を買わなくてはならないというハードルがありますが，為替相場は上下動を繰り返しているので，株式同様，時系列データを分析することで適切な為替レートでの購入が可能になります。日本の巨額の財政赤字の問題や企業の海外進出，高齢化によるドル資産の取り崩しなど今後は円安にふれる機会が多くなります。日本とは逆に人口が増加しインフレ期待が高くなる米国では金利の上昇が予測されています。米

国の金利が上昇すれば，カナダドル，オーストラリアドル，ニュージーランドドルも米国に追随して金利を上昇させていきます。米国との金利差が大きくなれば自国通貨安になりインフレに見舞われるからです。

　次に債券利回りについてみていきます。債券利回りの式は以下のようになります。

$$債券利回り = \frac{利率 + \dfrac{額面（100）- 買付価格}{残存期間（年）}}{買付価格} \times 100\%$$

具体的な例を挙げて計算方法を見ていきます。

（例1）　2％の新発5年債を，発行時に額面価格100，買付価格100で購入
　　　　した場合の債券利回りを計算してください。（↓答え）

$$債券利回り = \frac{2 + \dfrac{額面（100）- 100}{5}}{100} \times 100\% = 2\%$$

新発債なので利率と債券利回りが一致します。次は既発債の場合をみていきます。

（例2）　2％の利率の5年債を，発行から1年経過後に，債券価格96で購
　　　　入した場合の債券利回りを計算してください。

$$債券利回り = \frac{2 + \dfrac{額面（100）- 96}{（5 - 1）}}{96} \times 100\% = 3.25\%$$

　将来の金利上昇を見越し債券売りがすすみ債券価格が下落したケースです。金利の上昇の理由にはインフレとリスクプレミアムがあります。物価が上がれば金利も上昇します。パンの値段が10％値上がりすれば，実際上のお金の価値が減価してしまうので，金利も上昇するのです。さらにリスクの上昇（国の借金が大きく膨らむ）などでも金利は上昇します。これは望ましくない金利の上

昇です（リスクプレミアム）。例えばロシア危機（1998）の時は長期金利が60％、ギリシャの財政危機の時は（2012/3）38.5％まで長期金利は上昇しました。

金利の公式「フィッシャーの方程式」
名目金利＝実質金利＋期待インフレ率＋リスクプレミアム
・名目金利「実際の金利」
・実質金利「名目金利から予想物価上昇率を差し引いた金利」逆算して求める
・期待インフレ率「景気が良くなると期待すれば上がる」
・リスクプレミアム「倒産する確率が高くなると上昇する」

　このように長期金利が上昇すると既発の債券価格は下落し、長期金利が下落すると既発の債券価格は上昇します。金利が上昇した時発行された国債の方が高い金利を長期にわたって得られるため既発の低い金利しかくれない国債の価値が下がるためです。すると金利が高いときに債券を購入することが適切な戦略となります。

　ところで「国の借金が膨らみすぎ、ハイパーインフレーションになる」という言説を聴きますがそれはどのようにして起きるのでしょうか。例を出して考えてみます。ロシア国債の10年物の金利は2021年7月時点で7.18％でしたが、例えば現在から5年後の2026年に危機が再来して長期金利が60％まで上昇したと仮定します。このとき国債価格はどのように変化するのでしょうか。

　債券利回りを求める式から債券価格を求めることができます。買い付け価格＝売却価格ですのでここにＸを代入してＸを解いてみます。

$$債券利回り = \frac{7.18 + \dfrac{額面（100）- X}{10 - 5}}{X} \times 100 = 60$$

X ＝ 33.975

　例えば1億円で購入したロシア国債が長期金利の上昇により3397.5万円に目減りしてしまうことになるのです（為替レートは考えない）。もちろんロシアルー

ブルの価値も減価します。日本も財政赤字を放置すれば国債価格の暴落（長期
金利の大幅上昇）が待っています。日本国債の最大所有者は日本銀行で 50 %以
上の国債を保有しています。我々が普段使っているお金（日本銀行券）は日銀
のバランスシートの負債となります。つまり日本銀行券の価値を裏付けている
資産の部分の多くが国債や株式なので国債や株価が下落すれば，我々の使って
いる日本銀行券そのものの価値が大きく毀損することになります。もし日本銀
行の資産がすべて国債だと仮定し国債の価値が 3 分の 1 に下落したならば理論
上お金の価値も 3 分の 1 に減価します。食糧や燃料などの多くを海外に頼るよ
うになった現在の日本が 1 ドル＝ 360 円の時代に逆戻りすればハイパーインフ
レーションになります。また多くの製造業が日本以外の国で操業している為，
円安のメリットは少ないのが現状です。

　そこで投資家としてはディフォルト（債務不履行）リスクの少ない国の国債
を金利の一番高い時点で購入するのが資産運用では要締となります。そして金
利が低くなった時点でその国債を売却して利益を得るのです。

　例として 10 年もののロシア国債（金利：7.18 %）を購入し，5 年後にロシア
経済が安定し金利が 3 ％まで低下したと仮定して国債の売却価格を計算してみ
ます。

$$債券利回り = \frac{7.18 + \dfrac{額面（100）- X}{10 - 5}}{X} \times 100 = 3 \quad X \fallingdotseq 118$$

　Xを解法すると X ≒ 118 となります。

　つまり購入価格（100）よりも高く債券を売ることができるのです。1 億円
購入したならば 1 億 1,800 万円で売却できるため 1,800 万円の儲けになるので
す。このように国債の購入によって得られる毎年の金利収入（インカムゲイン）
に加え，国債価格そのものの上昇による収入（キャピタルゲイン）をも得ること
も可能なのです。

　金利が上昇し最後の利上げのサインが中央銀行から発出されたら株を売却し
て債券（国債）を購入します。このように株式の購入 ⇒ 株式の売却 ⇒ 債権の

購入 ⇒ 債権の売却 ⇒ 株式の購入・・・・というパターンを繰り返すことによって資産形成がなされていくのです。

1−5. 為 替

　不動産投資も国内だけでなく海外にも拠点を持つことが必要です。さらに資産運用でも日本国債は金利が少なくリスクが高いので購入する価値は低いと思われます。そこで外国債券を購入することが重要であると上述しました。外国債券の購入には外国通貨の売買の知識が必要です。

　さて多くの日本人は1種類の通貨（日本円のみ）を銀行預金や定期預金として保有しています。しかしこれは危険なことです。なぜなら日本銀行が国債を買い取って市場に日本銀行券を供給し続けるといったオペレーションは限界に達しつつあるからです。一方，これを止めればこれから後期高齢者となる団塊の世代の年金や健康保険料・介護保険料などの負担ができなくなります。高まる社会保険の負担と減少する労働力人口の間で，日本では近い将来金融危機に直面する可能性が高まっていますが，ひとたびこれに見舞われればこれをきっかけに長期金利が急上昇します。ハイパーインフレーションに見舞われれば国民は非常に惨めな生活を強いられることになります。そこでリスク分散のためいくつかの通貨に分けて持っておくことが必要になります。

　持つべき外国通貨の代表として米ドルやユーロがあります。世界各国が対外支払い準備として持つ準備通貨の保有割合でみると61.74%が米ドルで，2位がユーロ（20.67%），3位が日本円（5.2%），4位が英国ポンド（4.42%）となっており米ドルのシェアが過半です[1]。また世界貿易の60%が米ドルでなされるため米ドルは特に基軸通貨とも呼ばれます。マイペディアによると基軸通貨の条件としては通貨価値の安定，高度に発達した為替市場及び金融市場の存在，対外取引規制がないことなどとなっています。このような条件を兼ね備えたうえさらに米国にはGAFAM（Google, Amazon, Facebook, Apple, Microsoft）に代表される情報通信産業を創造するなどイノベーションを引き起こす自由な気

1）World Currency Composition of Official Foreign Exchange Reserve.

風があふれています。このような米国には世界中から有能な人材が集まってきます。それがさらに大きく国を飛躍させます。米国が超大国であり続けることは間違いありません。

　それでは米ドルをどのような時に購入すればよいのでしょうか。一言でいえば世界の景気が悪くなれば円高・ドル安になるのでその時米ドルを購入すればよいことになります。どういうことか解説しましょう。アメリカの景気が悪化すれば日本の景気も悪くなります。それは加工貿易立国である日本の宿命です。つまり米国の景気が悪くなれば日本の製品が売れないので日本の景気も悪

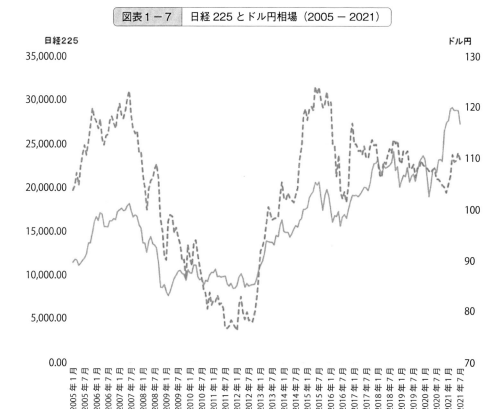

図表 1 − 7　日経 225 とドル円相場（2005 − 2021）

―― 日経 225　--- 為替相場（￥ / ＄）

（出所）Investing Com のデータを基に筆者が作成。

くなるのです。しかし景気が悪くても日本の貿易の過半が米ドルで決済される
ので常に米ドルは日本に流入してきます。景気が悪いと米ドルが使われずに金
融機関に滞留してきます。魚のトロと赤身だとトロの方が高いのは量が少ない
からです。通貨も同じで大量にある通貨は安くなります。そこで円高ドル安と
なるのです。逆に景気が良くなれば円安ドル高になります。なぜなら対米輸出
が増えてくれば，海外に工場を建てたり，海外の企業を買収したり，米国債を
購入するのに米ドルが必要になるからです。つまり米ドルの量が円に比べて少
なくなるのです。図表1－7は平均株価（日経225）と為替レート（ドル円）を
2005年から時系列に並べ比較したものですが，リーマンショック前の2006年
頃は米国の住宅バブルで景気が良く日経平均も上昇していたためドル円は120
円程度まで円安が進んでいたのが確認できます。しかしその後2008年のリー
マンショックを境に急激に円高が進み2011年10月には最高値である75.32円
を記録しました。リーマンショックと東日本大震災のダブルショックで米ドル
が滞留したのと日本の保険会社が保有する米国債が大量に売却（円買いドル売
り）されるとの憶測を呼んだためです。このように景気が悪化すると円高，反
対に景気が良くなれば円安というサイクルが繰り返されています。しかし日本
には国家債務の問題が徐々に影を落とすようになっており，大幅な円高はもは
や期待できないと思われます。それが証拠に2020年のコロナショックの際も
1ドル100円程度までしか円高が進みませんでした。今後は円高よりもむしろ
円安を警戒する時代に変化しつつあります。

1－6．不動産投資

　図表1－8は日本で平均的な賃金（初任給で20万で2％ずつ上昇。子供誕生後
月36万支出すると仮定）をもらう家庭の金融収支（下段）と金融資産の変動（上段）
をシミュレートしたものです。点線で示した金融資産の変動は年2％での資産
運用を仮定したものです。再雇用制度を利用して65才まで働いたとしても，
75才を越えたあたりから資産がマイナスになり生活できなくなります。しか
し退職金と貯蓄を元手にアパートを1棟買いし，表面利率（10％），NOI（営業
純利益）比率（75％）で運用した場合のライフプランは図表1－9のようになり，

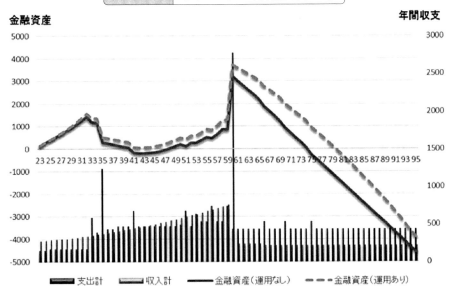

図表1-8　ライフプラン（不動産運用なし）

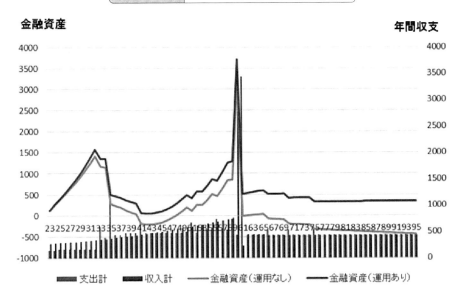

図表1-9　ライフプラン（不動産投資あり）

人生の終着駅に到着するまでキャッシュフローを得て，しかも現役世代と同じ月38万の支出を可能とします。もちろん自分のライフプランも実現しながらのことです。

　不動産投資には株式投資のようなダイナミックな価格変動はありません。株式投資のように1日で時価総額の30%が失われる，また半年で200%のリターンを得られるなどの大きな変動は期待できません。せいぜい10%のリターン（表面利率）がいいところです。しかし，ある程度年齢を重ねてくるとリスクを求めるよりも安定を求めるようになってきます。失敗したらその後の収入を得る手段が限られるからです。安定したキャッシュフローを得て生活の基盤を築くには間違いのない物件を，適切なロケーション・価格で購入しなくてはなりません。そのようなエリアの選定と物件の選択方法については2章以降で見ていくこととし，ここでは不動産投資のメリット，デメリット，投資対象物件別のメリット，デメリットを見ることにしましょう。

1－6－1．不動産投資のメリットとデメリット

　すべての投資にメリットとデメリットがあるように不動産投資にもメリットとデメリットがあります。まずメリットから見ていきます。

（1）不動産投資のメリット

　①安定した収入の確保・・・不動産の平均賃貸期間はファミリーでは4.5年と長期にわたるため安定した収入が得られやすく，また大きな値上がりや値下がりのリスクが少ないため株式投資などと比べて変動リスクが低いのが特徴です。

　②インフレ対策・・・日本の少子高齢化の影響が日本の製造業の海外移転を促しています。2000年には日本製品の売上高は国内7割，海外3割でしたが，2020年にはそれが国内3割，海外7割に逆転しています。また生産年齢人口の減少，複雑すぎる租税制度や流通システム，高い法人税などを嫌い製造業が工場を海外に移転しています。海外の企業を買収するM＆Aの件数も増加の一

途をたどり日本に見切りをつけた企業の海外シフトが進んでいます。このような経済の潮流はやがて大きな円安をもたらします。米ドルの流入が減少するためです。円安は原料価格の高騰を招き将来日本は大きなインフレの波に洗われる可能性があります。しかし賃貸経営をしていればインフレの到来には家賃を上昇させるなどして対応が可能になります。

　③節税効果・・・得られた収益からローン金利，減価償却費，固定資産税，都市計画税などが経費として計上できます。また不動産収入が赤字な場合は給与など他の収入との損益通算することにより所得の額を低くし，納税額を低くすることが可能です。また相続の場合も不動産価格は市場価格から 7 ～ 8 割低い路線価で資産評価がなされますので，株式や預金などで資産を保有しているよりも相続という局面においては節税効果のメリットが大きくなります。

（2）不動産投資のデメリット

　①大きな資金が必要・・・株式や債券などは小額から投資が可能ですが，不動産投資は値の張る高額な買い物になります。購入に際しては様々なリスクを想定し，また数年後，数十年後の出口戦略も考慮の上慎重に将来性を見据えて購入することが重要です。

　②金利の上昇に弱い・・・日本では長い間低金利が継続しており日本人は低い金利に慣れ切ってしまっています。しかし日本銀行による資産買入も限界に近付いて来ており近い将来に望ましくない長期金利の上昇リスクを覚悟しておく必要があります。固定金利にすること，長期のローンを組まないこと，高額のローンをしないことなどに注意が必要です。

　③空室リスク・家賃滞納リスク・・・物件を購入する場合には事前に十分な需要があるかどうかを見極めて購入する必要があります。具体的には購入地域の世帯別空室率を調査することなどです。また家賃を滞納するケースもあるので家賃保証会社と契約を結んでおくなどのリスク回避策も必要となります。

	メリット	デメリット
1棟買い	・メンテナンスがしやすい ・収益が大きい	・供給が多い ・空室リスクが高い
区分マンション	・手間が少ない	・公共部分はオーナーの自由にならない ・管理費・修繕積立金はオーナーの負担になる ・利益が少ない ・金融機関の融資が得にくい
戸建て住宅	・ニーズが高い	・修繕費用が多くかかる ・収益性が悪い
事務所・商業ビル	・収益性が高い ・入居準備がいらない	・景気の影響によるリスクが高い ・立地による影響が高い

図表1－10 投資対象物件別のメリットとデメリット

1－6－2．投資対象物件別のメリットとデメリット

　次に投資対象物件別にメリットとデメリットを見ていきましょう。不動産投資物件には1棟買い，区分マンション，戸建て住宅，事務所・商業ビルの4つがありますが，そのメリットとデメリットを示せば図表1－10のようになります。

　投資対象物件の種類に関しては図表1－10に示したように共同住宅の1棟買い（戸建て，区分住宅でないもの），区分所有のマンション，戸建て（一軒屋），事務所&商業ビルの4種類があります。投資対象物件が異なればメリット・デメリットも次に述べるように異なります。

①共同住宅の1棟買い

　共同住宅の1棟買いに関してのメリットは区分住宅を数件持っているよりも手間を大幅に省くことが可能な点です。例えば畳床であったのをフローリングに替えるといった工事をするとしたら区分所有のマンションならば1件ずつ行わなくてはならないのですが，10戸もユニットがあるような共同住宅なら一挙に工事が可能になるため大幅に手間を省くことができます。また10戸以上の賃貸ユニットがあれば事業的規模となり青色申告特別控除（第7章　不動産に関する税務 p136）を受けることが可能になります。青色申告特別控除を受ければ支払うべき所得税から最大65万円の控除を受けることができ，その分収入を増やすことが可能になります。しかし共同住宅の1棟買いにはデメリットも存在します。それは共同住宅の供給が多いため空室リスクが高いという点で

す。なぜなら多くの投資家は利益の最大化を実現しようと共同住宅に投資する
傾向が強いため結果として同じようなアパートが数多く存在することになるか
らです。

②区分マンション

　区分マンションによる賃貸事業経営はマンションの一室を購入し賃貸するも
のです。賃貸する部屋の中は所有者が自由にできますが共同所有の部分につい
ては所有者の自由にできないという欠点があります。外壁とか屋上は公共部分
であり自分のものではないからです。マンションには通常，管理組合があり，
その組合が管理費，修繕積立金を各戸から徴収して，公共部分の管理に当たっ
ています。例えばエレベーター 1 基あれば月 10 万円ほどメンテナンス費用が
掛かります。区分マンションの投資には総戸数が 30 戸以上の物件にした方が
よいと言われるのは，コストを世帯数で割ることができるからです。管理費・
修繕積立金をオーナーが支払うため公共部分の管理・修繕に手間はかかりませ
んが，その分収益が少なくなります。また管理運営に失敗したマンションは管
理費・修繕費が高くなります。このように区分マンションの運営は管理組合に
多くを依存することになるので自分の自由にならないといったきらいがありま
す。金融機関からの借り入れも 1 棟買いなどと比べ担保価値が低いと見なされ
融資が得にくくなります。なぜなら一戸建てや 1 棟買いならば土地はオーナー
が所有することになりますが，区分マンションでは土地の所有分も猫の額ほど
しかないからです。金融機関は土地を永続性があるものとして担保価値を大き
く評価します。

③戸建て住宅

　賃貸事業経営に対する戸建住宅のニーズは高くあります。子供に音楽を習
わせたいといった希望やガーデニングを楽しみたいといった要望が多いから
です。しかし戸建てを賃貸に出す場合，修繕費用が多くかかる，手間の割に
収益は少ないといったデメリットがあります。特に中古住宅を購入した場合は
壁紙，コーキングが剥がれた，下水管が詰まったといったように不良箇所が多

く出てきます。普段所有者がやるような仕事もオーナーが補修できない場合は工務店や水道事業者に依頼する必要があるため費用は高額になります。また戸建て住宅には街の中心地に位置している物件が少なく、駅からも遠いなど不便なところも多いためその分廉価にしか貸すことができないといった点もあります。

④事務所や商業ビル

　事務所や商業ビルへの投資のメリットは1㎡あたりの賃貸料金が高く設定できることです。またテナントの入退去に際しても住居用の賃貸などと異なりリフォームをして迎え入れる必要がないというメリットがあります。商業用不動産では次に入居するテナントが内装などすべてを自前で手掛けるのが一般的だからです。またビジネス対ビジネス（BtoB）の関係でありテナントはできるだけ信頼性を失うことのないように振る舞ってくれます。しかし事務所や商業ビルへの投資は景気変動の影響を大きく受け、賃貸価格はそれによって大きく振れます。また立地も駅近くの大通りに面しているとか繁華街にあるといった場所でないと借り手がつきにくいことから、住居立地と異なった路線価の高い場所に立地させなければならないといった難しさがあります。

第2章

ロケーションの決定

　米国ではロケーション，ロケーション，ロケーションと言われるほど立地が不動産購入の最重要な条件となります。日本でもこれは変わりません。2章では国立社会保障人口問題研究所のデータをもとに，世帯構成人口の減らない都道府県を選択し，その中でさらに適切なエリアを選択する方法を学んでいきます。またエリアの中から選んだ物件が適正価格で販売されているかの積算価格の求め方も学習します。

2−1．賃貸物件の場所の選定

　皆さんが将来にわたって不動産投資で収益を得ていくためには少なくともこれから30年後も元気な街であることを確信して選ばなくてはなりません。30年後も人口が増加するあるいは減ってもわずかで賃貸需要に影響しない街です。これから日本の人口は非婚化，晩婚化，出生率低下などにより減少していきます。特に沖縄県，滋賀県，埼玉県，愛知県などは①婚姻数の減少，②離婚率の上昇，③配偶者との死別による単身化などによりこれから20年ほどは単独世帯は増えていきます（図表2−1）。婚姻数については1970年から1974年の間は1年間に100万件超の婚姻がありましたが，2020年には537,583件に減少し，合計特殊出生率（1人の女性が出産可能とされる15歳から49歳までに産む子供の数の平均を示す）も1989年には1.57あったのが1.36に減少しています。国立社会保障人口問題研究所は婚姻歴のない50歳の人の未婚率は2016年時点で男性23.4％，女性14.1％であり，2040年には男性が29.5％，女性が18.7％になると予測しています。

　また離婚も増加し2019年の婚姻件数約61万5,652件に対し同年の離婚件数

図表2－1 婚姻数の推移

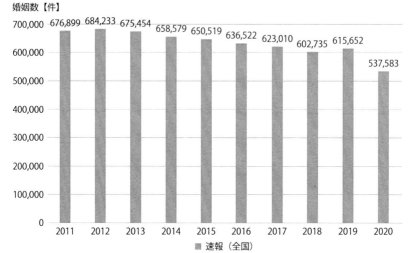

婚姻数【件】

676,899　684,233　675,454　658,579　650,519　636,522　623,010　602,735　615,652　537,583

■ 速報（全国）

注：2019年までの確定と速報の乖離率は2.2%～2.8%と同水準を維持する推移となっている。

（出所）人口動態統計を元に日本総研作成。

は20万9,000件で離婚率は33.9％にも達します。これからの時代には核家族化がさらに進行しビジネス的には単独世帯をターゲットとした不動産賃貸事業が望ましいといえるでしょう。

　単独世帯の多くが賃貸住宅に居住しています。大都市圏では単独世帯の70～75％，地方都市でも60～65％の人が賃貸住宅に住んでいます。国立社会保障人口問題研究所が2019年に発表した都道府県別一般世帯総数の推移によると図表2－2のようになっています。つまり2020年に全国の世帯数が5,400万あり2025年まで微増しますが，その後，減少に転じ2040年には5,100万世帯くらいになると予測しています。

　図表2－2は2015年から2040年までの15地方自治体について一般世帯数の増減率を示したものです。増加率がプラスの地方自治体は上から順にみると沖縄県（13.3％），東京都（4.9％），愛知県（2.9％），滋賀県（0.9％），埼玉県（0.4％）のわずか1都4県にすぎません。神奈川県以下の10府県がマイナスとなっています。

図表２－２	都道府県別　一般世帯総数の推移

都道府県	世帯数（1,000世帯）						増加率（%）					
	2015年	2020年	2025年	2030年	2035年	2040年	2015年 ↓ 2040年	2015年 ↓ 2020年	2020年 ↓ 2025年	2025年 ↓ 2030年	2030年 ↓ 2035年	2035年 ↓ 2040年
全　国	53,332	54,107	54,116	53,484	52,315	50,757	-4.8	1.5	0.0	-1.2	-2.2	-3.0
沖縄県	559	590	610	625	634	634	13.3	5.5	3.4	2.3	1.5	0.0
東京都	6,691	6,922	7,054	7,107	7,097	7,019	4.9	3.5	1.9	0.8	-0.1	-1.1
愛知県	3,060	3,149	3,197	3,208	3,188	3,150	2.9	2.9	1.5	0.3	-0.6	-1.2
滋賀県	537	548	554	555	550	541	0.9	2.1	1.1	0.1	-0.9	-1.5
埼玉県	2,968	3,055	3,093	3,085	3,042	2,981	0.4	2.9	1.2	-0.2	-1.4	-2.0
神奈川県	3,965	4,077	4,125	4,113	4,051	3,956	-0.2	2.8	1.2	-0.3	-1.5	-2.3
福岡県	2,197	2,248	2,265	2,255	2,221	2,167	-1.3	2.3	0.7	-0.4	-1.5	-2.4
千葉県	2,605	2,669	2,688	2,669	2,620	2,559	-1.7	2.4	0.7	-0.7	-1.8	-2.3
石川県	452	457	456	450	440	428	-5.4	1.0	-0.2	-1.2	-2.3	-2.7
岡山県	771	777	774	764	748	729	-5.4	0.7	-0.3	-1.3	-2.1	-2.5
広島県	1,209	1,226	1,224	1,207	1,178	1,142	-5.6	1.4	-0.1	-1.4	-2.4	-3.1
福井県	279	280	279	275	270	263	-5.6	0.3	-0.5	-1.2	-1.9	-2.5
兵庫県	2,312	2,344	2,341	2,307	2,247	2,170	-6.2	1.4	-0.1	-1.5	-2.6	-3.4
群馬県	772	780	779	768	749	724	-6.2	1.0	-0.2	-1.4	-2.5	-3.3
大阪府	3,918	3,988	3,986	3,920	3,807	3,670	-6.4	1.8	-0.1	-1.7	-2.9	-3.6

（出所）日本の世帯数の将来推計（2019）国立社会保障人口問題研究所のデータを基に
　　　筆者が作成。

　上述したのは一般世帯数ですが単独世帯に絞ってみると図表２－３のように
なります。2040年の対2015年比での増加率トップ10の地方自治体で見てみ
ると沖縄県（31.7%），滋賀県（22.5%），埼玉県（20.1%），愛知県（16.7%），福井
県（16.1%），岐阜県（15.1%），佐賀県（14.7%），千葉県（14.6%），富山県（13.1%），
神奈川県（12.8%）の順になります。一般世帯数の増加率でトップを占めた沖縄
県は単独世帯でも依然トップを占めていますが東京都だけは２位から滑り落ち
ました。沖縄県がトップであり続けるのは亜熱帯の気候とのんびりした風土を
求めて移住する人が多いからです。また滋賀県は琵琶湖を望む地で自然に囲ま
れて生活したいという関西圏に居住する人達の受け皿になっています。この他
東京を取り囲む形で埼玉，千葉，神奈川，名古屋を取り囲む形で愛知，岐阜，
そして福岡への通勤圏にある佐賀，この他北陸地方から福井と富山がトップ
10にランクインしています。

図表2－3　都道府県別　家族類型別世帯数の推移　［単独世帯］

都道府県	世帯数（1,000世帯）						増加率（%）					
	2015年	2020年	2025年	2030年	2035年	2040年	2015年↓2040年	2015年↓2020年	2020年↓2025年	2025年↓2030年	2030年↓2035年	2035年↓2040年
全　国	18,418	19,342	19,960	20,254	20,233	19,944	8.3	5.0	3.2	1.5	-0.1	-1.4
沖縄県	181	198	212	224	233	238	31.7	9.6	6.9	5.5	4.2	2.2
滋賀県	153	164	174	181	185	187	22.5	7.4	6.0	4.1	2.2	1.1
埼玉県	905	975	1,031	1,067	1,083	1,087	20.1	7.8	5.7	3.5	1.5	0.4
愛知県	1,025	1,094	1,148	1,181	1,195	1,196	16.7	6.8	4.9	2.9	1.2	0.1
福井県	74	78	82	84	85	85	16.1	6.4	4.6	2.9	1.3	0.0
岐阜県	194	207	217	223	224	223	15.1	6.7	4.8	2.6	0.7	-0.4
佐賀県	81	85	89	91	93	93	14.7	5.6	4.1	2.7	1.6	0.0
千葉県	843	901	942	965	971	967	14.6	6.8	4.6	2.5	0.6	-0.5
富山県	102	109	114	116	116	115	13.1	6.5	4.7	2.1	0.0	-0.7
神奈川県	1,408	1,491	1,555	1,591	1,600	1,587	12.8	5.9	4.3	2.3	0.5	-0.8
群馬県	221	235	245	251	251	248	12.4	6.3	4.3	2.2	0.2	-1.1
静岡県	407	430	448	458	460	457	12.3	5.7	4.1	2.2	0.6	-0.7
兵庫県	756	803	835	851	852	840	11.1	6.1	4.1	1.9	0.1	-1.4
茨城県	318	337	351	358	358	353	11.0	6.0	4.1	1.9	-0.0	-1.3
奈良県	136	145	152	155	154	151	10.9	6.9	4.6	1.9	-0.6	-2.1

（出所）日本の世帯数の将来推計（2019）国立社会保障人口問題研究所のデータを基に筆者が作成。

図表2－4　都道府県別　家族類型別世帯数の推移　［単独世帯（世帯主：男）］

都道府県	世帯数（1,000世帯）						増加率（%）					
	2015年	2020年	2025年	2030年	2035年	2040年	2015年↓2040年	2015年↓2020年	2020年↓2025年	2025年↓2030年	2030年↓2035年	2035年↓2040年
全　国	9,600	10,022	10,297	10,414	10,380	10,222	6.5	4.4	2.7	1.1	-0.3	-1.5
沖縄県	94	104	111	117	121	124	31.1	10.1	7.3	5.1	3.5	2.0
佐賀県	38	40	42	44	45	46	20.8	7.1	5.2	3.5	2.4	1.1
岐阜県	98	104	110	113	114	114	16.4	6.6	5.1	2.9	1.1	-0.1
富山県	53	56	59	61	61	61	15.5	6.6	4.9	2.6	0.8	-0.1
福井県	39	41	43	44	45	45	14.5	6.4	4.5	2.5	0.8	-0.2
滋賀県	89	93	98	100	101	101	14.2	5.5	4.4	2.6	1.0	0.1
埼玉県	520	549	571	585	588	584	12.3	5.6	4.0	2.3	0.6	-0.6
愛知県	600	633	657	672	676	672	12.0	5.4	3.9	2.3	0.6	-0.6
岡山県	121	128	132	135	135	135	11.5	5.5	3.5	1.9	0.6	-0.3
熊本県	98	103	107	109	110	109	11.1	4.9	3.2	2.0	1.0	-0.3
奈良県	60	64	67	68	68	67	11.0	6.4	4.5	2.0	-0.4	-1.8
群馬県	123	130	134	137	136	135	10.0	5.8	3.7	1.7	-0.2	-1.2
長野県	117	123	127	130	130	128	9.9	5.3	3.7	1.7	0.0	-1.1
千葉県	478	503	520	529	529	525	9.8	5.3	3.3	1.7	0.1	-0.9
兵庫県	362	382	395	402	402	397	9.6	5.3	3.6	1.7	0.1	-1.3

（出所）日本の世帯数の将来推計（2019）国立社会保障人口問題研究所のデータを基に筆者が作成。

　次に単独世帯のうち男性の増加率と女性の増加率の比較を行っていきます。まず単独世帯のうち男性について 2015 年から 2040 年にかけての増加率を見ると図表2－4のように沖縄，佐賀，岐阜，富山，福井，滋賀，埼玉，愛知，岡山の順になります。もっとも未来の状況，つまり 2035 年から 40 年にかけての増加率を見ると沖縄，佐賀，滋賀のわずか3県に過ぎません。沖縄，佐賀，滋賀においては，2035 年～40 年においても増加を維持しています。

　一方，女性の単独世帯の場合はどうでしょう。2015 年に対する 2040 年の増加率は図表2－5のようになっています。これを増加率の高い順にみていくと滋賀，沖縄，埼玉，愛知，神奈川，千葉，茨城，静岡，福井，群馬の順になります。もっとも 2035 ～ 40 年においても増加が続いているのは滋賀，沖縄，埼玉，愛知，神奈川，福井の6県だけです。男女を比べてみると男性の場合は北陸地方や名古屋都市圏，関西の奥座敷である滋賀，福岡市の都市圏にある佐賀などが多いのに対し女性は首都圏が上位に来ているのが特徴的です。女性の場合都会に就職し，そのまま首都圏や名古屋都市圏に定住する人が多いようです。これに対し男性の場合は故郷志向が強いとも考えられます。

| 図表2－5 | 都道府県別　家族類型別世帯数の推移　[単独世帯（世帯主：女）] |

都道府県	世帯数（1,000世帯）						増加率（%）					
	2015年	2020年	2025年	2030年	2035年	2040年	2015年↓2040年	2015年↓2020年	2020年↓2025年	2025年↓2030年	2030年↓2035年	2035年↓2040年
全　国	8,817	9,321	9,663	9,840	9,853	9,722	10.3	5.7	3.7	1.8	0.1	-1.3
滋賀県	64	71	76	81	84	86	33.9	10.0	8.1	6.0	3.7	2.4
沖縄県	87	94	101	107	112	115	32.4	9.1	6.5	5.9	5.0	2.4
埼玉県	384	426	460	482	495	502	30.7	10.8	7.9	4.9	2.6	1.5
愛知県	424	461	491	509	519	523	23.4	8.8	6.3	3.9	1.9	0.8
神奈川県	604	656	696	722	733	735	21.7	8.6	6.1	3.7	1.6	0.2
千葉県	365	397	422	437	442	442	21.0	8.8	6.2	3.5	1.2	-0.0
茨城県	132	143	152	158	160	159	20.4	8.2	6.2	3.7	1.3	-0.3
静岡県	178	191	202	208	212	212	18.9	7.4	5.5	3.3	1.5	0.0
福井県	35	37	39	40	41	41	17.8	6.5	4.7	3.4	1.9	0.3
群馬県	98	105	111	114	115	114	15.4	7.0	5.1	2.9	0.6	-0.9
栃木県	93	99	104	107	108	107	15.3	6.3	5.0	3.0	0.9	-0.7
岐阜県	96	102	107	110	110	109	13.8	6.8	4.6	2.3	0.2	-0.7
三重県	100	106	110	113	113	112	12.5	6.3	4.3	2.3	0.3	-1.1
兵庫県	394	421	440	449	450	443	12.4	6.9	4.5	2.1	0.1	-1.5
奈良県	76	82	85	87	86	84	10.8	7.3	4.7	1.8	-0.8	-2.4

（出所）日本の世帯数の将来推計（2019）国立社会保障人口問題研究所のデータを基に筆者が作成。

図表２－６	都道府県別　家族類型別世帯数の推移　［夫婦のみの世帯］											

都道府県	世帯数（1,000世帯）						増加率（％）					
	2015年	2020年	2025年	2030年	2035年	2040年	2015年 ↓ 2040年	2015年 ↓ 2020年	2020年 ↓ 2025年	2025年 ↓ 2030年	2030年 ↓ 2035年	2035年 ↓ 2040年
全　　国	10,758	11,101	11,203	11,138	10,960	10,715	-0.4	3.2	0.9	-0.6	-1.6	-2.2
沖縄県	86	95	101	106	110	111	28.8	9.6	6.8	5.0	3.4	1.4
東京都	1,139	1,188	1,220	1,244	1,261	1,271	11.6	4.3	2.7	1.9	1.4	0.8
愛知県	590	616	630	638	642	644	9.2	4.4	2.3	1.2	0.6	0.4
宮城県	168	179	184	186	185	182	8.2	6.2	3.2	1.0	-0.5	-1.8
滋賀県	106	111	114	115	115	115	8.0	4.9	2.5	0.9	0.0	-0.5
神奈川県	808	842	859	865	863	853	5.6	4.2	2.0	0.7	-0.2	-1.2
埼玉県	615	642	652	654	653	649	5.4	4.3	1.6	0.3	-0.2	-0.7
福井県	52	55	56	56	56	55	4.6	4.7	2.4	0.3	-1.0	-1.7
福岡県	421	440	448	449	445	437	3.6	4.3	1.9	0.2	-1.0	-1.7
栃木県	150	157	159	159	157	154	2.4	4.3	1.7	-0.1	-1.4	-2.0
千葉県	553	574	581	578	572	564	2.1	3.8	1.1	-0.4	-1.0	-1.4
富山県	76	80	81	80	79	78	1.4	4.0	1.4	-0.7	-1.6	-1.5
山形県	70	74	75	75	74	71	1.4	4.5	2.1	-0.1	-1.9	-3.0
佐賀県	57	59	60	60	59	57	0.6	4.1	1.5	-0.5	-1.9	-2.4
静岡県	291	301	305	304	299	293	0.6	3.5	1.2	-0.4	-1.5	-2.1

（出所）日本の世帯数の将来推計（2019）国立社会保障人口問題研究所のデータを基に
　　　筆者が作成。

　図表２－６は夫婦のみの世帯数の増減比率を表したものです。2015 ～ 40 年
で増加率を高い順にみていくと沖縄（28.8％），東京（11.6％），愛知（9.2％），宮
城（8.2％），滋賀（8.0％），神奈川（5.6％），埼玉（5.4％），福井（4.6％），福岡（3.6％），
栃木（2.4％）になります。沖縄，東京，愛知では 2035 ～ 40 年でも増加してい
きます。夫婦のみで居住する場合は沖縄，福井，栃木を除いては職住，医療，
レジャーが揃った３大都市圏や地方４都市圏（福岡，広島，仙台，札幌）のうち
福岡・仙台などの都市部を選ぶ傾向が見て取れます。
　最後になりますが伝統的に家族と言われてきた親と子供からなる世帯につ
いては減少の一途をたどることが予測されています。全国平均で見ると 2015
年の約 1,434 万世帯から 2040 年には 1,182 万世帯へと 17.6％もの減少が予測
されています。減少の少ない順に上位 10 地方自治体をみていくと，東京（－
3.3％），沖縄（－ 6.5％），愛知（－ 10.8％），島根（－ 12.2％），福井（－ 13.4％），滋
賀（－ 14.5％），福岡（－ 14.7％），石川（－ 15.3％），富山（－ 15.4％），鳥取（－
15.7％）となります。このように日本は未曾有の少子高齢化の波に見舞われて

| 図表２-７ | 都道府県別　家族類型別世帯数の推移　[夫婦と子から成る世帯] |

都道府県	世帯数（1,000世帯）						増加率（%）					
	2015年	2020年	2025年	2030年	2035年	2040年	2015年↓2040年	2015年↓2020年	2020年↓2025年	2025年↓2030年	2030年↓2035年	2035年↓2040年
全　国	14,342	14,134	13,693	13,118	12,465	11,824	-17.6	-1.5	-3.1	-4.2	-5.0	-5.1
東京都	1,568	1,606	1,611	1,593	1,557	1,517	-3.3	2.5	0.3	-1.1	-2.3	-2.6
沖縄県	171	174	173	170	166	160	-6.5	1.3	-0.5	-1.6	-2.6	-3.2
愛知県	908	906	891	867	839	810	-10.8	-0.2	-1.7	-2.7	-3.2	-3.4
島根県	59	58	57	56	54	52	-12.2	-0.8	-2.1	-2.9	-3.6	-3.4
福井県	72	71	69	67	65	62	-13.4	-1.2	-2.5	-3.0	-3.6	-3.8
滋賀県	167	166	161	156	149	143	-14.5	-1.0	-2.6	-3.5	-4.0	-4.3
福岡県	569	566	552	533	509	485	-14.7	-0.6	-2.4	-3.6	-4.5	-4.6
石川県	121	119	116	112	107	103	-15.3	-1.6	-2.9	-3.5	-4.1	-4.1
富山県	104	102	99	95	92	88	-15.4	-1.5	-3.2	-3.8	-4.0	-4.0
鳥取県	52	51	50	48	46	44	-15.7	-1.3	-3.1	-3.9	-4.3	-4.3
岡山県	208	204	198	191	183	175	-15.9	-1.9	-3.0	-3.7	-4.2	-4.2
広島県	328	323	313	301	287	275	-16.1	-1.5	-3.0	-3.9	-4.5	-4.4
山形県	89	89	86	83	78	74	-17.2	-0.6	-2.5	-4.1	-5.3	-5.9
熊本県	181	178	172	165	157	149	-17.8	-1.9	-3.2	-4.1	-4.9	-5.1
千葉県	772	761	736	704	667	634	-17.9	-1.5	-3.2	-4.5	-5.2	-5.0

（出所）日本の世帯数の将来推計（2019）国立社会保障人口問題研究所のデータを基に
　　　　筆者が作成。

いるためいわゆる伝統的な家族は急速に減少していきます。男性に頼らずとも女性が自立して生きていける社会が構築されてきたこと，社会の許容度が小さくなり些細なことで離婚する場合が増していること，増税や社会保障の減少などで生活の余裕が狭められてきたことなどが背景にありそうです。さて社会的な問題はさておき賃貸ビジネスという観点にフォーカスすると単身世帯に焦点を当てることが賢明であることが理解できます。

２-２．ピンポイントでターゲットを定める

　都道府県別に人口の増減傾向をみてきましたが，さらに各都道府県のどの地域で人口が増えていくかピンポイントでみていくことにします。例えば福岡県にターゲットを絞ったとしても，福岡県の中でも人口が増加している場所もあれば減少に歯止めがかからない地域もあります。大牟田市や北九州市などは人口減少が止まりません。このようにピンポイントでターゲットを絞るためのサイトに RESAS（Regional Economy Society Analyzing System）「地域経済分析システム」があります。これを用いれば将来にわたっても人口の減少が少ない地

域を特定することが可能です。RESAS を検索し，メインメニュー ⇒ 人口マップ ⇒ 人口増減 ⇒ 福岡県 ⇒ 市町村単位で検索する ⇒ ヒートマップ読み込みの順に選択すると次のような画面（図表2−8）をみることができます。

| 図表2−8 | 福岡都市圏の人口増減（2040−2045年） |

（出所）RESAS

> ヒートゾーン▨▨▨・・・都道府県単位で RESAS のヒートマップを表示すると人口の減少幅が少ないエリアが赤く表示されます。このエリアをヒートゾーンと名付けます。2045年時点のヒートゾーンは全国で6地域（沖縄県，熊本都市圏，福岡都市圏，大阪市中心部，東海エリア，首都圏）しかありません。

図表2−8は人口減少率の低い福岡市内4区（西区，中央区，東区，博多区）と粕屋町，志免町，久山町，須恵町の4町を表したものです。この4区4町は人口の減少幅が小さく地図上では赤で表示されています。赤で表示された地域をクリックすること

| 図表2−9 | 2045年における福岡県のヒートゾーン人口増減率（%） |

粕屋町	0.68
志免町	-0.26
久山町	-0.30
須恵町	-0.35
福岡市西区	-0.38
福岡市中央区	-0.57
福岡市東区	-0.85
福岡市博多区	-0.89

（出所）RESAS

で，2040年と比較した2045年の人口の増減比率を見ることができます。例えば2045年を2040年と比べてみると粕屋町だけが0.68％のプラスで残りの3町4区はマイナスであることがわかります。しかし，3町4区の人口の減少率は低いので，ヒートエリアとして注目されています。

図表2－10　熊本都市圏の人口増減（2040→2045年）

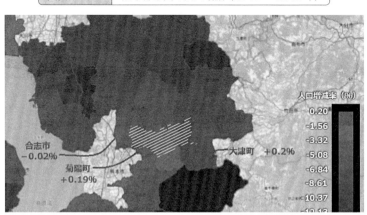

　熊本県———熊本県では大津町（＋0.20％），菊陽町（＋0.19%），合志市（−0.02%）がヒートゾーンになります。

図表2－11　沖縄県の人口増減（2040→2045年）

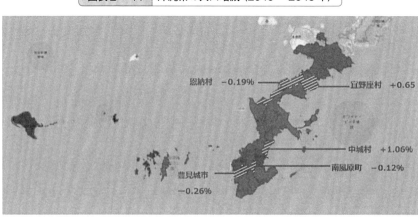

　沖縄県───沖縄県では中城村（＋1.06％），宜野座村（＋0.65％），南風原町
（−0.12％），恩納村（−0.19％），豊見城市（−0.62％）がヒートゾーンになります。

図表2−12　大阪市中心部の人口増減（2040→2045年）

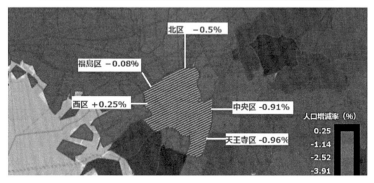

　大阪府───大阪府のヒートゾーンはすべて大阪市にあります。大阪市西区
（＋0.25％），福島区（−0.08％），北区（−0.50％），中央区（−0.91％），天王寺区（−
0.96％）となっています。

図表2−13　東海エリアの人口増減（2040→2045年）

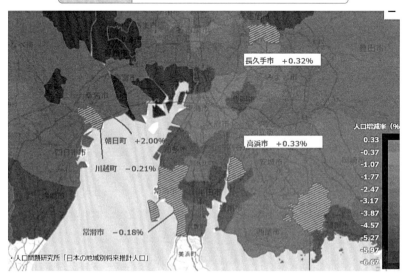

東海エリア―――――朝日町（三重県）＋2.00％，高浜市（愛知県）＋0.33％，長久手市（愛知県）＋0.32％，常滑市（愛知県）−0.18％，川越町（三重県）−0.21％，幸田町（愛知県）−0.23％が東海エリアのヒートゾーンとなります。

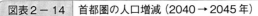

図表2−14　首都圏の人口増減（2040→2045年）

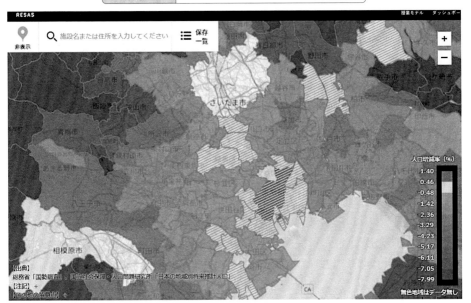

首都圏のヒートゾーンは上図のようになります。以上見てきたように日本における人口の増加するエリアは首都圏，名古屋都市圏，大阪市，福岡市都市圏，熊本市都市圏，沖縄県しかありません。

図表2−15　首都圏2040年〜45年の人口増減率の予測値（％）

中央区	1.40	練馬区	-0.18
港区	1.07	目黒区	-0.18
千代田区	0.59	墨田区	-0.22
台東区	0.52	渋谷区	-0.24
江東区	0.44	横浜市鶴見区	-0.25
吉川市	0.35	川崎市中原区	-0.29
品川区	0.30	板橋区	-0.32
戸田市	0.17	つくばみらい市	-0.47
流山市	0.00	川崎市高津区	-0.47
荒川区	-0.70		

（出所）RESASのデータから筆者が編集。

２－３．物件の検索と選別

　不動産賃貸事業ではロケーションの決定が非常に重要です。上述した場所によい収益物件を得ることができればほぼ自動的に毎月収益が得られるようになるのに対し，物件の購入に失敗すれば金融機関で受けた融資の返済さえままならない状況に追い込まれます。購入までのプロセスが非常に重要であるといえます。物件検索にはインターネットが整理された情報源となるために便利です。ここではポータルサイトを１棟買いの物件が多くプロの投資家が活用する「健美家」に絞り，シミュレーションを行ってみます。シミュレーションにはヒートゾーンにある福岡市とその周辺を用います。福岡はコロナ以前にはクルーズ船が常に２隻着岸し5,000人の観光客が毎日上陸する非常に活気のある街でした。横浜，東京はそれぞれベイブリッジやレインボーブリッジに遮られて超大型クルーズ船が街の中心に着岸できないことも福岡が選好される理由になりました。しかし福岡の強みは観光だけでなくハイテク企業の集積地である九州の中心都市であることです。ICの九州の国内シェアは43.7％，半導体関連の出荷額は1.5兆円に達し米国のシリコンバレーにあやかって九州シリコンアイランドと呼ばれています。2021年時点では家庭用ゲーム，ノートPC，５Gなどの半導体需要に供給が追い付いていないにもかかわらず，さらに今後はEV，自動運転，人工知能など用途は拡大していきます。世界最大のファウンドリーである台湾メーカーも

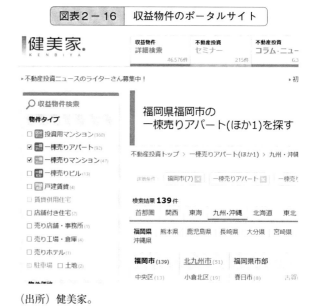

（出所）健美家。

図表２－16　収益物件のポータルサイト

図表 2 - 17　条件の選択

物件価格

価格...　∨ ～ 価格...　∨

利回り

利回り...　∨

築年数

築年...　∨ ～ 築年...　∨

新築　中古

駅から徒歩

徒歩...　∨

専有面積・建物面積

建物...　∨ ～ 建物...　∨

掲載開始日

○1日　○3日　○5日　○7日

◉ すべて

土地権利

☐ 所有権　☐ 所有権以外

建物構造

☐ 木造 ☐ S造 ☐ RC造

☐ SRC造 ☐ その他の工法

総戸数

総戸数...　∨ ～ 総戸数...　∨

土地面積

土地...　∨ ～ 土地...　∨

注目ワード

☐ 会員向け限定物件

☐ 値下げ↓

☐ 価格交渉可

こだわり条件

☐ ワンルーム　☐ 2階以上

☐ バス・トイレ別

☐ 売主の物件

☐ 満室稼働中

☐ 再建築不可

☐ 相続路線価有り

☐ 角地

（出所）健美家。

自国の水不足や米国からの圧力などを背景に九州での工場立ち上げを決定しました。九州の豊富な水資源や労働力，中国，韓国や台湾からのアクセスの良さとあいまって福岡はさらなる発展を遂げることでしょう。それでは福岡で物件を購入するシミュレーションを行ってみたいと思います。

　「一棟売りアパート」，「一棟売りマンション」を探し，九州・沖縄から福岡県，さらにヒートゾーンの中から福岡市西区を選びます。さらに検索条件で詳細を設定できます。

2－3－1．物件選択上の留意点

　【1】築年数―――1981 年 5 月 31 日以前に建築確認を受けた建物は旧耐震基準で建てられた建物で十分な耐震性を確保されているかどうかの保証はありません。しかし 1981 年 6 月以降に建築確認を受けた建物は新耐震基準に合致しているため震度 6 ～ 7 の地震が来ても倒壊しない耐震性が備わっています。

さらに 2000 年 6 月からは現行耐震基準が施工され基礎形状（地盤）仕様が明記されるようになり，耐力壁設置のバランス計算が必要になり安全性が増加しているといえます。

【2】駅からの距離―――大都市圏で一番重要なのは都心へのアクセスです。アットホーム株式会社が 1 都 3 県（東京・神奈川・千葉・埼玉）で賃貸一人暮らし，電車通勤する 20 代，30 代の 619 名を対象に行った調査によると家から勤務先につくまでの平均時間は 47 分ですが理想の平均時間は 29 分であることが記されています。

また株式会社エストハウジングの調査によると 1 都 3 県では約 70％の賃貸居住者が 50 分までで通勤できる圏内に物件を借りていますが，同サンプルの 83％の人は 40 分までが通勤時間の理想であるとしています。だとすれば駅まで徒歩 10 分，電車に乗って目的地の駅まで 30 分程度が 1 つの目安になります。

【3】土地権利―――土地の権利には「所有権」と「借地権」があります。「所有権」というのは土地を所有する権利です。「借地権」とは土地を借りる権利のことで地主が別にいるため，その土地に新たに物件を建てたり物件を権利売買する場合には地主の許可を得ることが必要になります。

図表 2 - 18	賃貸物件から会社までの所要時間

通勤時間	通勤時間割合	通勤時間割合累計
1〜10分	0%	0%
11〜20分	6%	6%
21〜30分	17%	23%
31〜40分	22%	45%
41〜50分	24%	69%
51〜60分	18%	87%
61〜70分	5%	93%
71〜80分	4%	97%
81〜90分	3%	99%
91〜120分	1%	100%

図表 2 - 19	理想の所要通勤時間

通勤時間	通勤時間割合	通勤時間割合累計
1〜10分	0.3%	0%
11〜20分	4.8%	5%
21〜30分	24.1%	29%
31〜40分	54.1%	83%
41〜50分	7.3%	91%
51〜60分	4.4%	95%
61〜70分	4.5%	100%
71〜80分	0.5%	100%
81〜90分	なし	なし
91〜120分	なし	なし

（出所）株式会社エストハウジング。
https://www.est-21.com/info/page_275.html のデータより筆者が作成。

| 図表2-20 | 建物の構造と耐用年数 | |

建物の構造	耐用年数（年）	建築単価目安（万円）㎡あたり
木造（W造）	22	17
鉄骨造（S造）	34	23
鉄筋コンクリート造（RC造）	47	24
鉄骨鉄筋コンクリート造（SRC造）	47	27

（出所）筆者による1級建築士へのインタビューによる（茨城県）。

【4】建物構造―――建物構造には木造（W造），鉄骨造（S造），鉄筋コンクリート造（RC造），鉄骨鉄筋コンクリート造（RC造）などがあります。それぞれ法定対応年数が決まっており，木造（W造）は22年，鉄骨造は34年，鉄筋コンクリート造は47年，鉄筋鉄骨コンクリート造は47年というように法令によって定められています。1㎡あたりの建築単価もそれぞれの建築構造によって異なります。地域や経済状況によって異なりますが建築コストとしては1㎡あたり，木造が17万円，鉄骨造が23万円，鉄筋コンクリート造が24万円，鉄骨鉄筋コンクリート造が27万円ほどになります（筆者が茨城県在住の1級建築士聞き取り調査）。これは物件の積算価格を算出する場合に用います。

【5】売り主の物件―――売り主の物件とは売り主（一般に不動産会社）が自分の所有している物件を仲介業者を介さずに直接販売するものです。

【6】満室稼働中―――満室稼働中の物件を購入すれば購入した翌月から収入が得られるので理想的です。しかし販売のため工作をしている場合もあります。例えば不動産会社が格安で販売予定の物件に他の物件から住民を移らせ満室に見せかけるなどの場合です。近くの不動産会社に行って過去の入居率などを確認する必要があります。

【7】再建築不可の物件―――法律上現在存在する物件を壊して新たに物件を建てることができない敷地にある物件を指します。都市計画区域と準都市計画区域内には建築基準法上の接道義務があります。その義務とは物件を建てる敷地は幅員4m以上の道路あるいは4m未満でも建築基準法上の道路と見なさ

れた２項道路に物件が２ｍ以上接している義務があります。火事の際に消防車がアクセスできるようにするためです。

【ケーススタディ】福岡市東区の物件を探す

図表２－21	福岡市東区の１棟買い物件

	【和白駅まで徒歩1分！】ピラコーポ和白 福岡県福岡市東区和白3-10-7 西鉄貝塚線 和白駅 歩1分	6,350万円 8.24%	建:380.88m² 土:162.24m²	1987年7月 4階建/16戸
	福岡市東区 3,200万円 7.87% 一棟アパート 福岡県福岡市東区香住ケ丘4-20-20 西鉄貝塚線 香椎花園前駅 歩8分	3,200万円 7.87%	建:167.96m² 土:323.76m²	1996年3月 2階建/8戸
	福岡市東区 3,200万円 7.87% 一棟アパート 福岡県福岡市東区香住ケ丘4-20-20 西鉄貝塚線 香椎花園前駅 歩8分	3,200万円 7.87%	建:167.96m² 土:224.49m²	1996年4月 2階建/8戸

（出所）健美家。

　以上見てきた７つの例を参考にしながら，ここでは物件を探すとか選択するケーススタディを行ってみましょう。

　新耐震で廉価な物件もあるという理由で福岡市東区を選んでみました。選択条件は現在満室中の物件，築35年以内（新耐震）で駅から徒歩10分以内，表面利回りの高い順に選んでみると11件がヒットしました。その中から利回りの高い順に表示すると図表２－21のような結果が出てきました。次に比較的リーゾナブルな物件を探すと3,200万円の物件がヒットします。その物件をクリックすると詳細を見ることができます。

　まず3,200万円というこの物件の価格が妥当であるかどうか積算価格を求めます。積算価格は土地の価格と，経年減価された建物価格の合計です。最初に土地の価格を調べていきます。

図表２−22	1棟買いアパートの詳細

価格	**3,200**万円	満室時利回り	**7.87**%	
交通	西鉄貝塚線 香椎花園前駅 徒歩8分	満室時年収/月収	252万円 / 21万円	❓情報の見方
住所	福岡県福岡市東区香住ケ丘 4-20-20	物件名	サンライズ香住ケ丘	
築年月	1996年3月（築25年）	土地権利	所有権	
建物構造	木造2階建 総戸数8戸	土地面積	323.76㎡【97.93坪】	
建物面積	167.96m²	用途地域	第一種低住専	
間取り	1K×8戸	建ぺい/容積率	50 % / 80 %	
接道状況	北東側公道幅員約6m/間口約2m	防火法/国土法	---- / ----	
取引態様	仲介	直前の更新日	2021年 4月 5日	
引渡	相談	更新予定日	2021年 7月 5日	
現況	賃貸中（満室）	管理ID	DT-520	

（出所）健美家。

路線価（土地の価格）を調べる

　国税庁は固定資産税や相続税の税額を決めるために毎年道路に面している土地の１㎡あたりの価格（路線価）を算出しています。路線価はその路線に面する土地の取引価格に約80％の加重をかけ算出します。検索エンジン（Google など）で「路線価」を検索すると日本全図が出てくるので探したい都道府県をクリックします。そこからさらに市区町村，町丁までみていきます。このケースでは福岡県福岡市東区香住ケ丘４−20−20なので，その地域の路線価をみます（図表２−23参照）。当該物件は○をつけた通りに面したエリアです。この路線価は69 F です。数値は千円単位なので通りに面した土地１㎡あたり¥69,000であることがわかります。F は借地権割合を示します（借地権割合とは借地に建てられた不動産資産を相続などで譲ってもらう場合に発生する土地の権利に対する借地の割合でA, B, C などいくつかありますが，この地域では F の40％となります）。

　さて「サンライズ香住ケ丘」は土地面積 224.5 ㎡です。そこで１㎡あたり路線価と土地面積 224.5 ㎡を掛ければ土地価格が算出されます。

¥ 69,000 × 323.76 ㎡ ＝ ¥ 22,339,440（土地価格）

次に建物価格を算出します。建物価格の式は次のようになります。

$$建物価格 ＝ 新築単価 × 延床面積 × \frac{残年数}{耐用年数}$$

ここで挙げる例の物件は木造なので 1 ㎡あたりの新築単価は 17 万円です。建物面積は 168 ㎡なので 17 万円× 168 ㎡になります。しかしすでに建築してから 25 年が経過しているので残年数は木造の耐用年数 22 年から 25 年を引いた値になります。つまり 17 万円（新築単価）× 168 ㎡（延床面積）×（22 − 25）（残年数）÷ 22（耐用年数）＝ − 431 万円です。しかし建物の価値はマイナスにはなりません。このように建物価格が新築単価×延床面積× 0.2 以下の場合は以

図表 2 − 23　路線価図

（出所）国税庁。

下の計算式を用います。(第 7 章(不動産に関する税務)p132 参照)

> 耐用年数を消化した建物の償却期間
> 　法定耐用年数 × 0.2

そこで当該建物の価格は以下のように計算されます。

$$17 \,万円 \times 168 \,\text{㎡} \times \left(\frac{22 \times 0.2}{22} \right) = 571.2 \,万円$$

そこでこの物件の価格は 2,234 万円 + 571.2 万円 = 2,805.2 万円となります。この物件が実際に販売されている値段は 3,200 万円なので 394.8 万円高く売られていることがわかります。対処法としては値引き交渉を試みるとか住宅バブルが収まるまで待ち同様の物件を購入するかです。

　次に通勤という観点から当該物件の優位性をみることにします。例えば福岡市の中心地である天神のある会社に勤めている人だとしましょう。当該物件は西鉄貝塚線香椎花園前駅まで徒歩 8 分のところにありますが、そこから西鉄(貝塚線)で貝塚駅まで行かなくてはなりません。貝塚駅での列車の本数は通勤時間帯で 1 時間に 4 本、それ以外は 2 本しかありません。香椎花園前駅から貝塚駅まで 15 分、貝塚駅で地下鉄に乗り換えが必要ですが、それに要する時間は 3 分程度、そこからは 12 分程度で目的地の天神(福岡市の中心地)に到着します。徒歩 8 分で 10 分以内、合計して 38 分で通勤に関してはぎりぎりで合格といったところでしょう。

───── 第3章 ─────

現地調査と融資

第2章で物件の積算価格，駅までの距離，乗車駅から都心の中心となる駅までのアクセスなどについて調べた結果を述べました。次のステップは実際に現地に行って調査をすることになります。しかし現地調査に行く前に地図上で調査しなくてはならないことがあります。駅から物件までどのようにアクセスするのか，周辺地域の至便性，近くに風俗店，焼却場，高圧線などの忌避施設はないかといったことがチェックポイントになります。それでは具体的に千葉県柏市の西口に新たに物件を建設するという想定でベンチマークを設定し，当該立地に賃貸物件を所有しビジネスが成り立つかどうかといったシミュレーションを行なってみます。

3−1. 現地調査

ベンチマーク

ロケーション：柏駅から徒歩10分の土地に賃貸物件を建設

土　地　代：土地面積（400 ㎡）路線価（17.5万円 / ㎡）

　　　　　　400 × 17.5 ÷ 0.8 ＝ 8,750万円（路線価は実際の取引価格の8割程度のため割り戻す）

　　　　　　（鉄筋コンクリート3階建て）を建設

サ　イ　ズ：1LDK（1部屋30 ㎡× 18部屋＝ 540 ㎡）

建 物 価 格：1 ㎡（鉄筋コンクリート（24万円 / ㎡））24万円× 540 ＝ 12,960万円

総コスト（税金等含む）：（8,750 ＋ 12,960）× 1.1 ＝ 23,881万円

表 面 利 回 り：6.3%（想定月収：7 × 18 ＝ 126万円）年収1,512万円

　駅までの所要時間が 10 分だと，不動産関係の物件表示では 80 m を 1 分で計算しますので，柏駅から想定物件までの距離は 10 × 80 m = 800 m ということになります。ところが実際現地に行って不動産関係の会社が歩いてみると地図上で測定した距離のようにいかないことがあります。例えば自社に有利なように記載したり，開かずの踏切があったりして多くの時間をそこで割かなくてはならないなどです。そこで実際に現地に足を運ぶことが重要です。次に賃貸物件周辺の利便性です。利便性に求められるものは世帯構成によって異なります。1 人所帯であればコンビニエンスストアが通常の買い物で利用されるので徒歩圏内にコンビニエンスストアが存在しているかどうかが重要です。しかし家族世帯で求められるのは安く買い物できるスーパーマーケットや，病院，評価の高い学校などが存在することです。

　現地調査は現場周辺のフィールドワーク調査と現場に近い駅周辺の賃貸仲介業者に対するヒアリング調査の 2 点からなります。まず現場周辺のフィールドワーク調査について述べます。フィールドワーク調査ではまず入居率調査を行います。一番確実な方法はガス栓が見える物件に関しては開栓しているかどうかを確認することです。入居者が決まればガス会社はガス管を開栓し退出すれば閉栓します。開栓が直接確認できる物件ではその確認調査を行います。調査結果の平均がその地域の稼働率です。この調査は自分が建設または購入しようとしているタイプの物件と同じタイプの物件について行うもので最低 10 件は行います。ただし調査に際しては不審者に思われないようにきちんと作業着を着てバインダーを持ちポケットにはペンを挿して行いましょう。何か聞かれた場合はこの近辺に物件を購入または建設する予定があるので賃貸物件の稼働率調査をしていることを告げましょう。次に筆者が行った稼働率調査の方法と結果についてみていきます。

図表3-1	入居率の調査方法

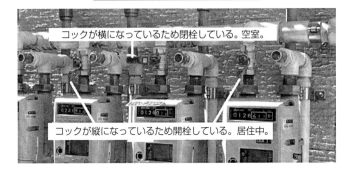

コックが横になっているため閉栓している。空室。

コックが縦になっているため開栓している。居住中。

　画像はガス管の集合場所を示したものです。ガス管のコックにはいくつかの種類があり，コックが縦になっていれば入居者がいることを示しています。

図表3-2	フィールドワーク調査物件

①アネックスコア柏
②ヴィーナスハイツ
③プラシドアイ
④アサヒコーポ柏
⑤Box Art Yamato
⑥コスモハイツ明原
⑦グリーンパーク明原
⑧フラット柏
⑨ユングパレス
⑩レガリスト

図表３－３	周辺物件の入居率調査

物件名	駅からの距離（分）	竣工年	築年数	造	間取り	居室の広さ（㎡）	平均賃料（万円）	賃貸戸数	空室戸数	予想売上高（月）	予想売上高（年）
フラット柏	11	2017	4	s	1K	26.7	5.8	21	0	121.8	1,462
Box Art Yamato	9	2007	14	s	1K	27.1	5.5	8	0	44	528
アネックスコア柏	6	1995	26	s	1K	19.4	4.3	24	0	103.2	1,238
ヴィーナスハイツ	7	1984	37	w	2LDK	35	5	10	0	50	600
プラシドアイ	7	1994	27	S	1K	19.8	4.2	8	0	33.6	403
コスモハイツ明原	10	1987	34	s	1K/2DK	23	4.2	6	0	25.2	302
グリーンパーク明原	10	2000	21	s	1K	25	5	10	1	50	600
ユングパレス	12	2000	21	s	1k	22.7	4.2	4	0	16.8	202
アサヒコーポ柏	8	1977	44	s	2DK	36	5	8	0	40	480
レガリスト	13	2020	1	w	1 LDK	29.4	6.8	9	0	61.2	734
平均（合計）	9.3	1998	22.9			26.41	5	108	1	54.58	655

　フィールドワーク調査では図表３－１で示したようにさらにコックの開栓状況も調べます。図表３－３は2021年５月に筆者が柏市西口にある１K及び１人で居住することが予測される狭小２DKの賃貸物件10か所についてコックの開栓状況から入居率調査を行ったものです。以下調査結果についてみていきます。

【１】駅からの距離

　駅からの距離はいずれも７分〜13分の範囲になりました。図表３－４は１㎡あたりの賃貸単価と駅までの距離（分）の関係をまとめたものです。駅から近くても賃料の安い物件もあれば駅から遠くても賃料の高い物件もあります。当該調査の限りにおいては駅からの近さと賃料に有意な関係はみられませんでした。駅からの距離は賃貸情報サイトから入手しましたが，実際歩いてみると距離感が異なるものがあります。徒

図表３－４	柏駅からの距離と１㎡あたりの単価（単位：万円）

物件名	駅からの距離（分）	平均賃料（㎡あたり）
アネックスコア柏	6	0.22
ヴィーナスハイツ	7	0.14
プラシドアイ	7	0.21
アサヒコーポ柏	8	0.14
Box Art Yamato	9	0.20
コスモハイツ明原	10	0.18
グリーンパーク明原	10	0.20
フラット柏	11	0.22
ユングパレス	12	0.19
レガリスト	13	0.23
平均（合計）	9.3	0.19

歩13分のレガリストよりも12分のユングパレスの距離感が遠いと感じました。レガリストは駅からの距離は2番目に遠いのですが賃料は1番高価です。それでも満室なのは新築で居室面積が広いこと，人気スーパーマーケットに近いなどの理由からだと思われます。ユングパレスは2000年の竣工で特に古いわけではありませんが駅から遠い分賃料は安いようです。

【2】竣工年・築年数

次に建物の竣工年と平均賃料の関係についてみていきます。図表3－5をみてもわかるように築年数が新しいほど1㎡あたりの平均賃料は高くなる傾向にあります。平均築年数は22.9年です。もっとも築年数が古くても，賃料を安くすることで満室を維持すること

| 図表3－5 | 竣工年と1㎡あたりの単価 (単位：万円) |

物件名	竣工年	築年数	平均賃料（㎡あたり）
アサヒコーポ柏	1977	44	0.14
ヴィーナスハイツ	1984	37	0.14
コスモハイツ明原	1987	34	0.18
プラシドアイ	1994	27	0.21
アネックスコア柏	1995	26	0.22
グリーンパーク明原	2000	21	0.20
ユングパレス	2000	21	0.19
Box Art Yamato	2007	14	0.20
フラット柏	2017	4	0.22
レガリスト	2020	1	0.23
平均（合計）	1998.1	22.9	0.19

もできます。例えば1977年に竣工したアサヒコーポは旧耐震基準の建物であり古色蒼然としています。また1984年築のヴィーナスハイツとコスモハイツは新耐震基準の建物ですが築30年以上が経過しています。しかしこれらの建

| 図表3－6 | 1ルームアパートの竣工年と居室面積・1㎡あたりの単価（単位：万円） |

物件名	竣工年	築年数	居室の広さ（㎡）	平均賃料（㎡あたり）
コスモハイツ明原	1987	34	23	0.18
プラシドアイ	1994	27	19.8	0.21
アネックスコア柏	1995	26	19.4	0.22
グリーンパーク明原	2000	21	25	0.20
ユングパレス	2000	21	22.7	0.19
Box Art Yamato	2007	14	27.1	0.20
フラット柏	2017	4	26.7	0.22
レガリスト	2020	1	29.4	0.23

物は賃料を安くすることで満室を維持しています。

【３】築年数と居室の広さ

　次に築年数と居室の広さの関係について見ていきます。ここでは１ルームの物件だけで比較を行うため２DKの物件（アサヒコーポ柏，ヴィーナスハイツ）は除きます。図表３−６のようにコスモハイツを除いては築年が新しいものになるのに比例して部屋の広さが広くなる傾向にあります。不動産物件の大手検索サイト，ホームズによると，「ワンルームアパートの平均の広さは25㎡。占有面積を20〜25㎡として検索を絞り込むといずれのエリアでも相場よりも安い家賃となり，25〜30㎡になると，今度は相場よりも高い家賃となる」としています[1]。図表３−３の調査でもホームズと同じ結果がみられます。１Kの物件では25㎡のグリーンパーク明原が５万円ですが，それ以上の面積を有する物件だと６〜７万円の家賃が必要です。これに対し，それ以下の物件が４万円程度の家賃となっています。３大都市圏で働くためには狭小アパートでも構わないといった時代から変わり，賃貸を開始する共同住宅で育ったZ世代（16歳〜24歳）は大きなサイズのマンションで育った世代です。図表３−７は長谷工研究所が1994年から2021年までのマンションのサイズと価格をマトリクス図にとったものですが，Z世代の両親が分譲マンションを購入したと思われる1994年から2002年までは居住スペースの拡大期であり，東京23区，それ以外の地域でもより大きな物件が提供された時期であったことがわかります。23区内では平均居住スペースは94年に約60㎡でしたが2002年には73㎡まで上昇し，23区以外も同時期66㎡から81㎡まで増加の一途をたどっています。バブル崩壊後不動産に手を出す人が少なくなったため，ディベロッパーは販売促進のためより強固で広い物件を造りました。2020年では世帯当たりの居住人口が減少したほか金融緩和でバブル傾向が続いているため，ほぼ94年の面積まで逆戻りしたにもかかわらず価格は2002年の4,000万円台から倍近い8,000万円に近付いています。藤澤雅義氏はその著『賃貸マイスター』で入

1）「住まいのお役立ち情報」Liful Home's, https://www.homes.co.jp/cont/rent/rent_00307/

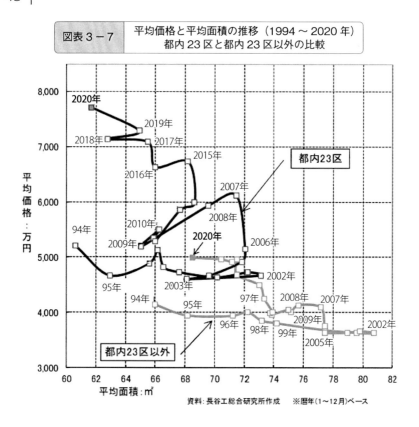

図表3－7　平均価格と平均面積の推移（1994 ～ 2020 年）都内23区と都内23区以外の比較

資料：長谷工総合研究所作成　※暦年(1～12月)ベース

居者の関心が一番高いのは収納力としており単身者でも6割以上が1.5畳から2畳分の収納スペースがほしいとしています。そして収納力，独立洗面台，バスの広さ，コンロの数，セキュリティ等で欠点があるとまず入居は決まらないとしています。

　またコロナ後でもテレワークの進展に伴ってより広い部屋を求めるニーズが高まってくるだろうと予測されます。ワンルームでも30 ㎡程度の広さが求められるようになるのは以上のような理由からです。

【4】造（つくり），空室率

　筆者が行ったフィールドワークの結果，造に関しては木造が2割，鉄骨が8割でした。木造，鉄骨ともに建築コストは安いのですが，騒音や耐火性などで

鉄筋コンクリートにはかないません。最後に空室率ですが調査した物件が提供する部屋数 108 に対し，空室はわずか 1 室でした。空室率は 0.9％となります。

【調査結果】

①柏駅から 7 ～ 13 分程度の距離の賃貸経営については陳腐化があまり進んでいない新耐震以降の建物ならほぼ満室です。

②1 K の賃貸物件に関して 2000 年竣工の物件の部屋面積が 25 ㎡であること。それ以前の建物は 20 ㎡～ 25 ㎡，それ以降の建物は 25 ㎡～ 30 ㎡の面積があること。そして 2000 年竣工の物件の家賃が 5 万円ちょうどであり，それ以前の物件の家賃が 4.2 万円～ 4.3 万円，2001 年以降ならば 5.5 万円～ 6.8 万円程度です。

③調査した建物は木造と鉄骨造のみで，鉄筋コンクリート造の建物はありませんでした。

【戦略】

　以上をまとめて戦略を練ると，一人用の物件を建築する場合は面積を 30 ㎡前後取り，差別化のために鉄筋コンクリート造りとする。想定家賃は 7 万円というように決めれば満室が期待できるでしょう。

3－2．エリアマーケティング

　フィールド調査を終えたら物件を購入あるいは建設しようとするエリアに近接する不動産仲介企業を少なくとも 3 社を聞き取り調査する必要があります。フィールドワークの結果が一時的なものである可能性もあるし，自分が購入あるいは建設しようとしている物件と異なったニーズが存在するかもしれないからです。リスニング調査で聴取すべき項目は次の 3 点になります。

①ターゲットエリアに来る顧客属性

　顧客の属性を 5 つに分類すると，①単身者，②カップル，③夫婦＋子供（未就学児），④夫婦＋子供（第一子が小学生以上），⑤その他（母子家庭，3 世代入居）

の５つに分類できます。藤澤氏[2] によればそれぞれの属性の割合は全国平均
であればだいたい次のようになると判断しています。

①単身者（社会人・学生）	40%
②カップル（新婚・DINKS・同棲）	30%
③夫婦＋子（第一子が未就学児）	20%
④夫婦＋子（第一子が小学生以上）	5%
⑤その他（母子家庭・三世代入居）	5%

　上記のようにマーケットが存在するのならば，上の３つ，つまり①単身者
（社会人・学生），②カップル（新婚・DINKS（夫婦共働きで子供がいない世帯）・同
棲），③夫婦＋子（第一子が未就学児）に焦点を合わせ，それに合った物件を提
供すればよいのです。子供が大きくなれば分譲マンションあるいは一軒家を購
入する世帯がほとんどなので大きな物件をつくり，それを賃貸に出しても借り
手がないのです。広い物件は家賃も高いので賃貸するより自分用に購入する方
を選択する誘因が働きます。もし賃貸であれば最大で３名（子供は小学生未満）
にフォーカスした方がよいのです。
　さて，上記の実態を踏まえエリアマーケティングを行うことになります。エ
リアマーケティングにはフィールドワーク調査と不動産仲介企業への訪問調査
が必要になります。まず自分が物件を購入あるいは建物を建設しようとするエ
リアの属性別の賃貸物件の供給割合をフィールドワークで調べたのち，不動産
会社に調査に行きます。不動産会社ではそれぞれの属性が必要とする年間需要
割合を調べます。フィールドワークでつかんだ供給割合と不動産仲介企業でイ
ンタビューし，その調査の結果明らかとなった実際の割合の間には必ず差（ギ
ャップ）が生じます。例えばこのエリアは単身者用の物件が多いのに，実際に
そこを借りたい人はカップルが多いなどです。比較の結果，不足している物件
を購入，あるいは建設し供給できれば成功に近づきます。

２）藤澤雅義『賃貸マイスター』住宅新報社，2012 年，p99。

| 図表３−８ | エリア顧客属性の需給ギャップ分析 |

属性	供給割合	需要割合	加不足割合（＋ならば不足）
	（フィールドワーク調査）	（不動産仲介企業に訪問調査）	（需要割合−供給割合）
単身者（社会人，学生）			
カップル （新婚，DINKS，同棲）			
夫婦＋子 （第一子が未就学児）			
夫婦＋子 （第一子が小学生以上）			
その他 （母子家庭・３世代入居）			

　インタビュー調査の２番目の項目は図表３−９に掲載した「エリアのタイプ別賃料レンジと平均空室期間」です。ターゲットとするエリアで間取りの違いによってどのような賃料が設定できるか調査することで資産計画が立ち，空室期間を明らかにすることで賃貸タイプ別のエリア需要が明らかになります。もちろん平均空室期間が短い方が有利になります。

| 図表３−９ | エリアのタイプ別賃貸レンジと平均空室期間 |

賃貸タイプ	最安値（単位：万円）	最高値（単位：万円）	平均空室期間（単位：月）
１R			
１K			
１DK			
１LDK			
２DK			
２LDK			
３DK			
３LDK			

　以上の調査を行うことによって，対象とするエリアの顧客属性ギャップ，タイプによって請求できるプライスレンジ，空室期間を調べることができます。
　賃貸仲介業者を訪問するときには将来家賃の徴収やメンテナンス業務を依頼する可能性のあることを告げることで訪問調査を受け入れやすくするなどの工夫も必要です。

3−3．物件の購入

　購入する物件が決まれば購入のプロセスに入っていきます。不動産の購入は相対取引なので売り手と買い手が互いに納得する価格で取引ができるわけです。つまり不動産検索サイトに出ているのは「希望小売価格」で必ずしもその価格で売買されなければならないということではないのです。しかし根拠のない値引きの請求は説得力も欠いてしまいます。きちんとした根拠を示すためには第2章で示したように積算価格を示すことです。また設備等に不備がある場合も値引きの対象になります。例えば外壁が傷んでいるので塗装費用に200万円かかる等の根拠が必要なことは言うまでもありません。

　物件の購入のアプローチとしては「買付証明書」を提出することから開始します。売主が買付内容に合意した後は，①融資を受ける場合は複数の金融機関に打診し一番条件のいいものに決めること，②買い主の不動産から重要事項の説明を受けること，③売買契約の履行，④管理会社の選定など複数のことを並行して行う必要があります。「買付証明書」とは以下のような様式になります。

3−3−1．買付証明の送付

　図表3−10は買付証明書のサンプルを示したものです。買付証明書は契約書ではないので法的拘束力はありません。そこで購入の権利を獲得できたとしても契約を結ぶ前に解約することは可能です。しかし，むやみに買付証明書を送付したり，根拠のない解約をすれば今後継続して取引を行う不動産会社との関係を悪くすることになります。

3−3−2．重要事項の確認

　宅地建物取引業法（宅建業法）では売買契約を行う前に宅地建物仲介業者による重要事項の説明を行うことを義務化しています。これはあらかじめ不動産に関する内容を十分に理解してから購入するべきという買い主保護の観点から設定されています。以下購入者が注意すべき点を挙げてみます。

| 図表３−10 | 買付証明書のサンプル |

買 付 証 明 書

令和　　年　　月　　日

売 　主 　殿

住所：＿＿＿＿＿＿＿＿＿＿＿＿＿

氏名：＿＿＿＿＿＿＿＿＿＿＿印

　私は，貴殿ご所有の下記不動産（土地・建物）を次の条件にて買い受けたく，お願い申し上げます。

1．買付金額　　　金＿＿＿＿＿＿＿＿＿＿円

2．支払方法
　　　手付金　　　金＿＿＿＿＿＿＿＿＿＿円

　　　最終金　　　金＿＿＿＿＿＿＿＿＿＿円

3．買付条件
　　　融資特約　　有・無
　　　契約締結日，その他に取引条件は別途協議させていただきます。

4．有効期限　　　本書の有効期限は令和　　年　　月　　日までとします。
　　　　　　　　　　　　　　　　　　　　　　　　　　　　　　　　以上

不動産の表示

【土地】所　　在　：
　　　　地　　積　：　　　　㎡

【建物】物 件 名　：
　　　　所 在 地　：
　　　　土地面積　：
　　　　建物面積　：　　　　㎡

①物件について

　物件の所在地や面積，所有者などの権利関係。特に登記上の所有者と売主が一致しているかどうかの確認が必要です。現在の所有者以外の権利が含まれている場合は要注意です（例えば土地が兄弟と共同名義である場合など）。所有権移転仮登記（所有権が借入金の返済が終わるまで完全に移転されていない場合），買い戻し特約の登記（不動産の売買機関から一定期間が経過したのち，売り主が買い戻すことができる特約）などが含まれている場合です。また登記簿を確認し購入不動産に抵当権が設定されていないかどうか，設定されている場合はその債権者は誰かという点に注意が必要です。債権者が不良な場合，法外な金利を要求される場合もあるからです。金融機関の抵当権が登記されている場合は通常引渡しまでに抹消することが条件となります。また居住者のいる賃貸物件を購入した場合，賃貸借契約条件や滞納者の有無の確認が必要です。たとえ満室の物件を購入できたとしても，その半数が滞納者ならば空室の物件を購入した方がはるかにまともな運営を行うことができます。

②法令上の制限について

　土地の利用に対する制限は当該地域で建てられる建物の階数や用途などを制限するものです。都市計画法，建築基準法によって定められています。都市計画法や建築基準法が施行される前に建てられた建物などを取り壊し新たな建物を建てる場合，建てられなくなる可能性もあるので注意が必要です。

　　都市計画法————用途地域，地域地区
　　建築基準法————建ぺい率，容積率，高さ制限

③土地と道路の関係

　水道・電気・ガスなどの整備状況（主に一戸建て），管理や修繕計画について（マンションの場合），水道水か井戸水か（井戸水をくみ上げている物件は地方に多くあります。地下水が汚染されると新たに上水道を引くなど大変なコストがかかります），ガスが都市ガスかプロパンガスか（プロパンガスの場合，配管工事，ガスコンロ，エアコンはプロパンガス事業者が無償で設備をしてくれるケースがあり大家としては助

かりますが料金は都市ガスの方が安くなります。都市ガスの方が居住者には喜ばれます）。

④契約解除に関する事項

契約を解除できるケースと期限。解除時に手付金などが返還されるのか，違約金が課されるのかを確認します。

3−3−3．契約締結

不動産の売買契約は重要説明事項にあった内容に基づき書面で売り主，買い主の双方による記名が行われ押印がなされます。これ以降特別な場合を除いて取り消しを行うことはできません。契約書の内容は以下のような項目が含まれています。

①売買価格

売買契約では土地と建物の価格がそれぞれ表示されます。物件の価格の内訳をみると売主の方は建物価格を低くし土地の価格を高くしようとします。売主が消費税を負担する課税事業者ならば建物の売却価格に対して消費税を支払わなくてはならないからです。逆に買主は建物価格の内訳を大きくしたがります。建物は減価償却費で経費として処理できるので，建物価格が大きければ経費も大きくなるため，それだけ収益も大きくなるからです。

②売買面積

土地は登記事項証明書（登記簿）に記載されたものか実測したもののいずれかを使う場合があります。契約時に登記簿に記載された面積を用い後でそれが実測値と異なった場合，過不足分について支払いを行うか，行わないかについて決めることが可能です。

③所有権移転時期

買い主が売り主に売買代金を全額支払った時点が所有権移転時期となりま

す。また物件の引渡しも別途定めない場合は同日に行われます。売主は買主への所有権移転の登記手続きを即刻行わなくてはなりません。

④負担消滅

売主は所有権引渡し日までに買主が購入した物件に係る抵当権などを解除しておく必要があります。

⑤代金支払い方法

代金の支払いは契約後1か月から2か月経ってから行われるのが普通です。それまで購入代金の一部を手付金として金融機関に入金する必要があります。

⑥引渡し及び登記手続

所有権移転時期に引渡し及び登記手続きが行われるのが普通ですが，事情によっては（引越等が間に合わない場合など）所有権移転時期と引渡し及び登記手続きが異なる場合もあります。

⑦収益及び費用負担

引渡し日以降，購入不動産から生じる収益や費用は買主の責任になります。

⑧瑕疵担保責任

売り主には瑕疵担保責任があります。買主が購入した不動産について何らかの不具合が生じた場合，売り主が個人の場合には2か月，宅建業者の場合には2年間，売り主の責任で修繕する義務が生じます。このような瑕疵担保責任を免除する代わりに購入費の10%の値引きを要求するなど値引き交渉の材料となることもあります。

⑨引渡し前の滅失等

契約を交わせば物件は買い主の所有物となりますが，所有権が移転する前に火災などで物件が消失するケースもあります。そこで不動産の滅失や毀損が発

生した場合は解約または受領済みの売買代金が返還されるなどを条文にしておく必要があります。

⑩手付解除

手付金解除日までであれば売り主は手付金の倍額を買い主に支払い，買い主は手付金を放棄することで契約を解除することができます。

⑪契約違反による解除

売り主又は買い主が不動産売買契約の債務の不履行を行ったときは不動産売買契約を解除して違約金の支払いを請求することができます[3]。

⑫融資利用の特約

買い手と売り手の両者が売買契約で定めた期日までに金融機関によるローン審査が通らなかった場合，売買契約が白紙解除できる特約「融資特約による白紙解除」が行われます。その場合，手付金の返還や違約金の発生の有無を確認します。

３－３－４．物件の購入価格以外にかかる費用

不動産購入には，物件の購入価格に加え，仲介手数料（物件価格×３％＋６万円），登記費用（物件の名義を移転させるため司法書士に払う費用），不動産取得税（購入後３～６か月後に支払う），固定資産税の支払金（１月１日の所有者が支払う）などがあります。また火災保険や賠償責任保険に加入する必要もあります。融資を受ける場合は抵当権設定費用（抵当権の設定は登記簿謄本に記載されます。また借入金の支払いが滞った場合に銀行が物件を差し押さえます）と融資手数料がかかります。これらの総額は物件購入価格の７～10％にのぼります。

3）小田急不動産『不動産売却のノウハウ』odakyu-chukai.com.

３－４．融資を受ける

３－４－１．レバレッジを効かす

　不動産は非常に高額なので多くの投資家は金融機関から借り入れを行うことにより不動産投資を行います。金融機関から融資を受けることで得られる収益効果をレバレッジ効果と呼びます。具体例を見てみましょう。いま手元に1,000万円あるとします。この1,000万円をワンルームマンションに投資した場合と自己資金の1,000万のほかに金融機関から9,000万円の融資を受け，合わせて１億円の物件に投資した場合を比較してみましょう。両方とも表面利率８％の年間収益が得られるとします。ワンルームマンションでは1,000万円の８％で80万円の収入を得ることができます。これに対して，1,000万を自己資金，9,000万を金融機関から借入れ１棟アパートを購入した場合，１億円の８％＝800万円が収益として得られます。金融機関からの借り入れを元利均等返済（２％）とし，35年のローンで組んだとします。この場合月約30万円（年間360万円）ずつ返済することになります。借入金の返済以外経費はないものと仮定した場合，同じ1,000万円で，ワンルームマンションに投資した場合年間収益80万円，１棟アパートに投資した場合は440万円の収益となります。10年間保有してから売却したとします。10年間で得られる利益はワンルームマンションが800万円，１棟アパートの方は4,400万円となります。10年後にワンルームマンションを２割減の800万円で売却したとします。また１億円で購入した１棟アパートも２割減の8,000万円で売却したとします。１棟アパートの方は金融機関の残債7,800万円を返済すれば，8,000万－7,800万＝200万円が残ります。同じ1,000万を投資して，ワンルームマンションは800（10年間の利益）＋800（売却価格）－1,000（自己資金）＝600万円，１棟アパートでは4,400（10年間の利益）＋8,000（売却価格）－8,066（ローン残高）－1,000（自己資金）＝3,334万円のリターンを得ることができます。１棟アパートへの投資はリスクを負うことでワンルームマンションへの投資に比べ5.5倍の利益を得ることができたのです。このように他人資本を活用してリターンを大きくすることをレバレッジを効かすといいます。金利の安い日本ではこのようなレバレッジ効果がフルに働くと言われています。

　個人投資家で不動産資産を大量に保有している人は多額の融資を金融機関から受けている場合がほとんどです。しかし①金利が急騰する，②不動産価格が急落する，③空室が多く出てキャッシュフローが得られなくなるなどのリスクがあります。例えば1億円を借入れて金利が2％から10％に増えれば，金利の支払いだけで200万円から1,000万円に増えてしまいます。また空室が多く出れば予定の売り上げが得られず金融機関への返済にも事欠きます。しかし不動産の購入に際して受ける融資には抵当権が設定されるので，借入金が返済できなければ不動産は銀行に差し押さえられます。債務不履行の代償を抵当権の履行に制限する限り担保物件の引渡し以上の債務を負うことは避けられます。不動産投資は高リスクに見えますが，ミドルリスクミドルリターンと言われる点はこのような点にあります。

３－４－２．金融機関の種類と審査

　金融機関には「都銀」，「地銀」，「信用金庫」，「信用組合」，「ノンバンク」，「政府系」などがあります。都銀は全国主要都市に支店があります。融資の中心は大企業です。地銀は当該銀行が存在している都道府県とその近隣エリアに多数出店し地方企業や中小企業が主要顧客です。信用金庫や信用組合は都道府県の中でもさらに狭い地域を担当しています。信用金庫や信用組合では直接職員が自宅を訪問してくれるなどきめ細かな地元密着のサービスを展開しています。ノンバンクは貸出専門で預貯金はできない機関です。不動産投資で代表的なノンバンクでは三井住友トラストローン＆ファイナンス，セゾンファンデックスなどがあり，住宅ローンでメジャーなノンバンクにはアルヒなどがあります[4]。政府系ノンバンクには日本政策金融公庫や住宅金融支援機構などがあります。

4）姫野秀喜『不動産売買の教科書』アスカ，2020年5月，pp75-56.

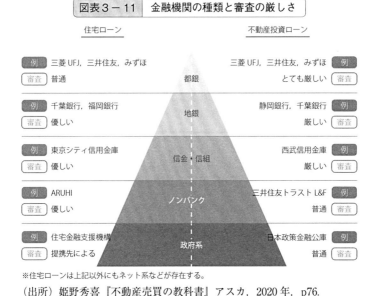

| 図表3－11 | 金融機関の種類と審査の厳しさ |

| 住宅ローン | | 不動産投資ローン |

例 三菱UFJ，三井住友，みずほ	都銀	三菱UFJ，三井住友，みずほ 例
審査 普通		とても厳しい 審査
例 千葉銀行，福岡銀行	地銀	静岡銀行，千葉銀行 例
審査 優しい		厳しい 審査
例 東京シティ信用金庫	信金・信組	西武信用金庫 例
審査 優しい		厳しい 審査
例 ARUHI	ノンバンク	三井住友トラストL&F 例
審査 優しい		普通 審査
例 住宅金融支援機構	政府系	日本政策金融公庫 例
審査 提携先による		普通 審査

※住宅ローンは上記以外にもネット系などが存在する。

（出所）姫野秀喜『不動産売買の教科書』アスカ，2020年，p76.

　図表3－11のように不動産投資ローンの審査は比較的難しくなってきています。審査の対象は「物件力」と「属人的要素」の掛け算となります。属人的要素は職業，年齢，健康，家族構成，年収，保有資産，国籍，永住権の有無などです。なかでも年収は大きな要素を占め，多寡によって対応できる金融機関は図表3－12のように異なってきます。

| 図表3－12 | お客さんのスペックごとに使える金融機関（投資物件の場合） |

お客さんのスペック（例）	都銀	地銀	信金	ノンバンク
年収2000万円以上	○	○	○	○
年収600～800万円	×	○	○	○
年収400万円程度	×	△	○	○
年収400万円未満	×	×	△	○
日本の永住権なし	×	×	×	×

（出所）姫野秀喜『不動産売買の教科書』アスカ，2020年，p78.

３−４−３．元金均等返済と元利均等返済

　金融機関から借り入れを行った場合の返済には２つの方法があります。１つが元金均等返済でもう１つが元利均等返済です。元金均等返済とは毎月支払う元金の返済額が一定となる返済方法です。例えば金利２％で 2,400 万円借り入れを行い毎月元金を 10 万円ずつ（年 120 万円）返済するとしたら，この 10 万円の返還には 10 万円にさらに金利負担分 2,400 万円 ×（0.02 ÷ 12）= 4 万円の利息をプラスした 14 万円が第１回目の支払額となります。

> ２％は１年分なので年利２％を月利に直すと 0.02 ÷ 12 ≒ 0.00167 になります。

　２回目の返済では借入額が 10 万円減っているので 2,390 万 × 0.00167 = 39,913 円が利息部分，つまり 10 万円 + 39,913 円 = 139,913 円が返済額になります。１回目の返済額 14 万円と比較して 87 円減った額を返済することになります。このように元金均等返済では返済を始めた初期に多くの金利を支払うことになりますが，徐々に金利負担分は減っていくことになり支払いを完了するのも元利均等返済に比べ早く終えることができます。

　元利均等返済は毎月支払う返済額が一定となる返済方法です。元金均等返済と同じ 2,400 万円を返済元金とすると毎月の支払額は 10 万円と固定されます。最初の利息部分は 2,400 万円 × 0.00167 = 4 万円となりますが，月々 10 万円ずつ返済すると決めているので 10 万円 − 4 万円 = 6 万円が元金支払い部分となります。借入金残高は 2,400 万円 − 6 万円 = 2,394 万円となり，２回目の金利の支払いは 2,394 万円 × 0.00167 = 39,900 円となり元金の返済額は 10 万円 − 3.99 万円 = 6.01 万円になります。元利均等返済ではなかなか元本が減らず返済に時間がかかります。しかし毎月の返済額が一定でわかりやすく，返済額も元金均等返済と比べ少ないためキャッシュフローの面からも有利になります。そこでほとんどの投資家が元利均等返済を選びます。以下図表３− 13 に元金均等返済と元利均等返済のメリット及びデメリットを述べます。

	元金均等返済	元利均等返済
メリット	・元利均等返済よりも支払総額が少ない ・返済後半になると支払いが少なくなってくる	・毎月の返済額が一定なので返済しやすい。
デメリット	・返済初期の支払額が多い	・元金均等返済に比べ支払総額が多い。 ・元金がなかなか減少しない ・返済期間が長い

図表3-13　元金均等返済と元利均等返済

【ケーススタディ】融資を受ける

　住宅ローンの計算にはネット上にあるフリーソフトを用いれば作成できるのですが，ローンの仕組みを具体的に知るには表計算アプリを使って自分で作成してみることが必要です。例えば固定金利2％で35年ローンを組んだ場合の10年目の残債と15年目の残債が知りたいなどフリーのソフトではなかなか答えを得にくい面倒なリクエストもすぐに答えが得られるようになります。元利均等返済のほうが使う機会が多いのでこのケーススタディでは元利均等返済を中心に学習してみましょう。

1．元利均等返済をつくる

　融資を受けるで使ったケースをベンチマークにして毎月返済額や残債額を計算する方法を学んでいきます。

ベンチマーク

借　　入　　金：9,000万円

金　　　　　利：2％

ローン期間：35年間

毎月返済額：？？

10年後残債額：？？

　元利均等返済では返済元金を直接表内に表示しそこに金利をかけていきます。

　表計算ソフトを立ち上げたら，図表3−14（ベンチマーク）のように字句を入力します。

図表3−14　元利均等返済（手順1）

	A	B	C	D	E
1					
2		借入金額		9000	万円
3		金利		0.02	
4		返済期間		35	年
5		毎月返済額			
6					
7		返済残高	利息部分	毎月返済額	元金部分
8					
9					
10					

　①毎月返済額（D5）のセルを計算します。この計算には財務の関数であるPMT関数を用います。
　PMT関数＝PMT（利率，期間，現在価値，将来価値，支払期日）という順に入力していきます。入力方法とその意味については図表3−15を参照ください。将来価値と支払期日はここでは使わないので説明は省略します。

64

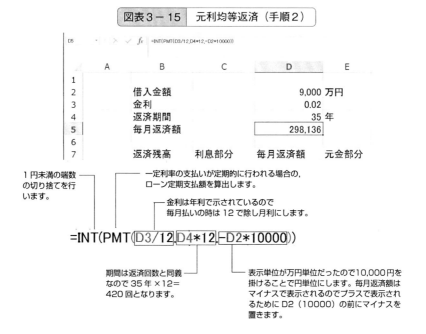

②次に償還予定表を作成していきましょう。まず返済の１回目の列を作成します。８列目に１を代入し返済残高は借入金額と同じなので＝ INT（D２×10000）と入力します。

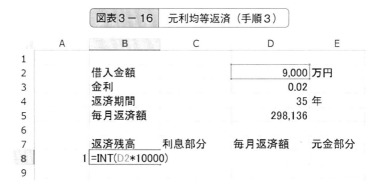

　③次に利息部分です。１回目の返済残高に金利をかけて利息部分を作成します。利息部分を計算するため金利は下の列を作成するのに動いてはいけないので 0.02 が入力されているセルを $D$3 と固定します。それを月利にするために 12 で割ります。

| | 図表３－17 | 元利均等返済（手順４） |

	A	B	C	D	E
1					
2		借入金額		9,000	万円
3		金利		0.02	
4		返済期間		35	年
5		毎月返済額		298,136	
6					
7		返済残高	利息部分	毎月返済額	元金部分
8	1	90,000,000	=B8*$D$3/12		

　④毎月返済額は①で計算した結果と同じ額を使います。

| | 図表３－18 | 元利均等返済（手順５） |

	A	B	C	D	E
1					
2		借入金額		9,000	万円
3		金利		0.02	
4		返済期間		35	年
5		毎月返済額		298,136	
6					
7		返済残高	利息部分	毎月返済額	元金部分
8	1	90,000,000	150,000	=D5	

66

⑤元金部分を計算します。返済の始まったころというのは返済残高が多いため，利息部分が大きくなります。元金というのは実際返済するお金で，毎月返済額から利息部分を引いたものになりますが，このケースでは利息部分が元金部分よりも大きくなります。

| 図表3-19 | 元利均等返済（手順6） |

	A	B	C	D	E
1					
2		借入金額		9,000	万円
3		金利		0.02	
4		返済期間		35	年
5		毎月返済額		298,136	
6					
7		返済残高	利息部分	毎月返済額	元金部分
8	1	90,000,000	150,000	298,136	=D8-C8

⑥データーをコピーした時返済回数が自動的に表記されるように2回目を表示するセル番地（A9）に1回目が入力されたセル番地（A8＋1）と入力します。

| 図表3-20 | 元利均等返済（手順7） |

	A	B	C	D	E
1					
2		借入金額		9,000	万円
3		金利		0.02	
4		返済期間		35	年
5		毎月返済額		298,136	
6					
7		返済残高	利息部分	毎月返済額	元金部分
8	1	90,000,000	150,000	298,136	148,136
9	=A8+1				
10					

⑦２回目の返済を行う場合の返済残高は１回目に支払った元金を引いた額になりますので１回目の返済残高－１回目の元金部分という式になります。

図表３−21	元利均等返済（手順８）

	A	B	C	D	E
1					
2		借入金額		9,000	万円
3		金利		0.02	
4		返済期間		35	年
5		毎月返済額	298,136		
6					
7		返済残高	利息部分	毎月返済額	元金部分
8	1	90,000,000	150,000	298,136	148,136
9	2	=B8-E8			

⑧第２回目の返済部分の利息の計算は第１回目の式をコピーして作成します。コピーするためにはセルの右下端のハンドルにカーソルを動かし＋のサインに変わったらダブルクリックします。

図表３−22	元利均等返済（手順９）

	A	B	C	D	E
1					
2		借入金額		9,000	万円
3		金利		0.02	
4		返済期間		35	年
5		毎月返済額	298,136		
6					
7		返済残高	利息部分	毎月返済額	元金部分
8	1	90,000,000	150,000	298,136	148,136
9	2	89,851,864			
10					
11					

セル右下端のハンドルが+の形になったらダブルクリック

小数点が出たら→で桁上げします。

68

⑨毎月返済額は１回目の返済の列と同じなので上記のように式を作成します。

第２回目の元金部分は⑧と同じ要領で１回目のセル番地をコピーして作成します。

図表３－23	元利均等返済（手順10）

	A	B	C	D	E
1					
2		借入金額		9,000	万円
3		金利		0.02	
4		返済期間		35	年
5		毎月返済額		298,136	
6					
7		返済残高	利息部分	毎月返済額	元金部分
8	1	90,000,000	150,000	298,136	148,136
9	2	89,851,864	149,753	=D8	

⑩２列目以降は列に入力した内容を一括コピーし表を完成します。図のように選択し，右下端のハンドルが＋の形になった時にドラッグし，最終支払いの回数（このケースでは420回）より少し先（441〜442回）程度までドラックします。整数で表示したので割り切れない場合があり，420回丁度で収まらないケースがあります。

図表３－24	元利均等返済（手順11）

	A	B	C	D	E
4		返済期間		35	年
5		毎月返済額		298,136	
6					
7		返済残高	利息部分	毎月返済額	元金部分
8	1	90,000,000	150,000	298,136	148,136
9	2	89,851,864	149,753	298,136	148,383
10					
11		列にあるすべてのデータを選び、セル右下端のハンドルが+になっ			
12		たら下方向にドラッグする。			

⑪ベンチマークで提出された課題の答えが明らかになりました。金利２％で35年間ローンを組んだときの毎月の返済額は298,136円で，10年目の返済残高は70,520,043円となります。

| | | 図表３−25 | 元利均等返済（手順12） | | |
	A	B	C	D	E
124	117	71,060,050	118,433	298,136	179,703
125	118	70,880,347	118,134	298,136	180,002
126	119	70,700,345	117,834	298,136	180,302
127	120	70,520,043	117,533	298,136	180,603
128	121	70,339,440	117,232	298,136	180,904
129	122	70,158,537	116,931	298,136	181,205

ベンチマークの「？？」の部分は次のようになります。

ベンチマーク

借　　入　　金：9,000万円

金　　　　　利：2％

ローン期間：35年間

毎月返済額：298,136円

10年後残債額：70,520,043円

第4章

資産計画の策定

　不動産投資を計画的に行うには利益の出る物件を選択すること，出口戦略を
きちんと考えて計画的に行うことが必要です。例えば高額な物件を購入すれ
ば，それに見合う賃料を設定しなくてはなりません。仮に東京近郊に 5,000 万
円のマンションを購入し，賃貸に出して表面利率 10 ％を期待したとしましょ
う。そうならば 500 万円 ÷ 12 ＝ 41.6 万円の月家賃を設定しなくてはなりませ
ん。外国企業の役員ならこの家賃でも支払ってくれるでしょうが，サラリーマ
ン家庭が東京近郊の賃貸の物件に月額 42 万円の家賃を払うことはまずありま
せん。ローンを組んで家を購入するのが普通です。一般家庭ならば家賃はせい
ぜい 10 万円前後です。表面利回り 10 ％で年間 120 万円（月 10 万円）の家賃収
入を期待するのなら 120 万円 ÷ 0.1 ＝ 1,200 万円程度に投資額を抑えなくては
なりません。期待した収益を得るためには，周到な資産計画を策定しシミュ
レーションを行うことが必要になります。この章では資産計画の策定方法を学
んでいきます。

4 － 1．廉価に物件を仕入れる

　2 章のケーススタディでは人口減少の少ない地域という観点から不動産立地
の選択を行いました。今回は製造業の発展したエリアから物件を選択します。
日本の GDP の構成は製造業からサービス産業に大きくシフトしてきました（図
表 4 － 1 参照）。しかし日本はエネルギーや食糧資源の多くを海外に依存してい
るため外貨獲得を主導する製造業は日本生存のための命綱です。

図表 4 - 1	産業（3部門）別 15 歳以上の就業者の割合の推移 全国（昭和 45 年～平成 17 年）

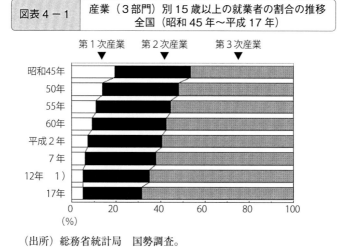

（出所）総務省統計局　国勢調査。

　2009 年から 2012 年の間は民主党が政権を担当していましたが歯が抜けるように工場が大挙して海外に逃避していったのはこの時期です。この時期，製造業は 6 重苦と呼ばれる困難に直面していました。6 重苦とは①超円高，②法人税の実効税率の高さ，③自由貿易協定の遅れ，④電力価格の問題，⑤労働規制の厳しさ，⑥環境規制の厳しさです。超円高は日本からの製品輸出を困難にし，労働規制や環境規制などはより規制の少ない東南アジアや中国へと企業の立地を向かわせました。企業の本格的な海外移転はこの時期に起きました。工場に勤めていた従業員はサービス産業へ吸収されましたが，スーパーなどでは賃金は安くなり賃金水準が 50％程度も下落した勤労者もいます。今日では日本人の可処分所得は G 7 最低となってしまいました。また国家も国債を乱発し，国の信用は失墜しています。その埋め合わせとして政府が掲げたのが日本の観光立国化です。政府は 2017 年に 2020 年に 4,000 万人，2030 年に 6,000 万人のインバウンド旅行者を呼び込む目標を掲げました。確かにインバウンド旅行者は 2019 年に 3,000 万人を超え，国内交通や宿泊需要，観光地やデパートなどの小売店の売上を拡大させ，一時的には潤しましたが，コロナ禍によってそれがいかに脆弱な基盤の上に載っていたかをさらけ出してしまいました。外食や演劇，娯楽産業もコロナ禍の直撃を受けて国からの財政支援を受けてどうにか生

存している有様です。

　ところでコロナ禍が収まった後にはコロナ前と同様の社会が戻ってくるのでしょうか。国内や海外に展開する大手メーカーは本社社員を工場と頻繁に往復させ現場主義を貫いてきました。しかしコロナ禍により国内だけでなく海外の工場さえもリモートワークで十分機能させることができることに気が付いてしまいました。合理性を重んじる企業が今後ムダな出張をさせることはなくなるでしょう。コロナ後は飛行機や新幹線が出張のサラリーマンで満たされることはなさそうです。またインバウンド客で一杯のため東京や大阪などに宿泊できなかったビジネス客は隣の県に宿泊したといった光景も昔話になりそうです。

　このような理由から筆者は航空，鉄道やホテル，大規模小売店，レストラン，演劇，娯楽などのサービス産業がコロナ前と同じ規模で復活することはあり得ないと判断しています。なぜなら従業員の一部はオフィスに行かなくてもネットワークで仕事をするため工場やオフィスへの出勤，同僚との飲み会の機会などは減るはずです。また世界的なブロック化現象は世界的な人流を抑制すると思われます。

　コロナ後は賃貸物件の場所の選択においても製造業の盛んな都道府県を選ぶというのが基本戦略になるでしょう。そして製造業を中心として流通，商業，外食産業や娯楽産業が発展していくと思います。それでは現在の日本で製造業が盛んな都道府県はどこでしょうか。

　図表4−2は2020年8月の工業統計調査（経済産業省）の結果を筆者が製造品出荷額の多い順に並び変え，都道府県別のシェアを付したものです。調査の結果，製造品出荷額が全国の2％以上を超えるのは17都道府県しかなく製造業は一定地域に集中していることがわかりました。具体的には関東地方（東京，神奈川，千葉，埼玉，茨城，栃木，群馬），東海道本線沿線（静岡，愛知，三重，滋賀，大阪，兵庫），山陽本線沿線（岡山，広島，山口），福岡となります。しかし生産活動が活発で需要が多いエリアでも比較的廉価で不動産が購入できるエリアがあります。例えば北関東3県がそうです。茨城県水戸市なら1,000万円前後で60㎡程度の新耐震基準のマンションが買えます。北関東では県庁所在地である水戸，宇都宮，前橋などが製造，流通，商業の中心になっています。な

| 図表４－２ | 都道府県別製造品出荷額等ランキング |

	都道府県		事業所数	従業者数	現金給与総額	原材料使用額等	製造品出荷額等	付加価値額（従業者29人以下は粗付加価値額）	製造品出荷額等都道府県シェア
		年次		（人）	（百万円）	（百万円）	（百万円）	（百万円）	（%）
	全国計	2018	185,116	7,778,124	35,440,757	210,355,697	331,809,377	104,300,710	
1	愛知	2018	15,322	863,149	4,632,778	33,400,655	48,722,041	13,702,058	14.684%
2	神奈川	2018	7,349	355,924	1,854,423	11,979,383	18,443,058	5,310,394	5.558%
3	大阪	2018	15,500	447,404	2,077,581	10,983,611	17,561,489	5,608,821	5.293%
4	静岡	2018	9,002	413,309	1,936,232	10,552,228	17,539,461	6,114,735	5.286%
5	兵庫	2018	7,613	364,064	1,776,076	10,541,545	16,506,736	5,115,858	4.975%
6	埼玉	2018	10,796	399,193	1,693,925	8,735,664	14,147,008	4,819,313	4.264%
7	千葉	2018	4,856	212,015	989,686	8,964,645	13,143,167	3,175,385	3.961%
8	茨城	2018	5,058	273,749	1,348,298	7,910,141	13,036,042	4,493,584	3.929%
9	三重	2018	3,405	204,521	1,028,999	7,256,350	11,207,911	3,519,332	3.378%
10	福岡	2018	5,159	222,538	958,799	6,929,158	10,237,865	2,613,680	3.085%
11	広島	2018	4,688	220,240	1,044,134	6,891,301	10,039,720	2,912,463	3.026%
12	栃木	2018	4,149	206,973	954,793	5,184,919	9,211,118	3,089,908	2.776%
13	群馬	2018	4,640	213,151	947,288	5,653,889	9,136,037	3,128,851	2.753%
14	岡山	2018	3,161	150,412	673,795	5,876,682	8,354,250	1,941,091	2.518%
15	滋賀	2018	2,656	161,935	816,897	4,880,676	8,074,369	2,885,361	2.433%
16	東京	2018	9,870	246,895	1,187,525	4,202,217	7,577,669	3,074,291	2.284%
17	山口	2018	1,703	96,484	464,061	4,400,837	6,701,163	1,922,804	2.020%
18	長野	2018	4,825	204,917	935,595	3,918,945	6,465,906	2,294,496	1.949%
19	北海道	2018	5,063	170,662	613,984	4,198,931	6,327,627	1,691,669	1.907%
20	京都	2018	4,118	144,808	657,881	2,893,932	5,907,670	2,274,428	1.780%
21	岐阜	2018	5,487	204,629	863,082	3,499,882	5,889,711	2,106,709	1.775%
22	福島	2018	3,518	160,549	667,427	3,199,189	5,246,465	1,753,608	1.581%
23	新潟	2018	5,229	189,386	739,262	2,926,282	5,067,448	1,897,766	1.527%
24	宮城	2018	2,579	118,720	474,828	2,916,813	4,665,553	1,448,220	1.406%
25	大分	2018	1,404	66,275	278,030	3,188,984	4,438,950	1,020,102	1.338%
26	愛媛	2018	2,078	76,606	317,826	2,948,312	4,264,038	1,020,817	1.285%
27	富山	2018	2,718	127,378	558,012	2,367,188	4,031,985	1,453,575	1.215%
28	石川	2018	2,799	105,039	449,815	1,865,198	3,140,915	1,126,401	0.947%
29	山形	2018	2,436	101,048	389,825	1,672,229	2,865,359	1,061,358	0.864%
30	熊本	2018	1,987	95,110	398,141	1,708,301	2,845,086	1,011,100	0.857%
31	香川	2018	1,825	70,467	284,790	1,820,682	2,769,479	807,934	0.835%
32	和歌山	2018	1,660	52,797	216,689	1,697,842	2,728,014	852,283	0.822%
33	岩手	2018	2,087	87,940	323,401	1,815,627	2,727,177	801,382	0.822%
34	山梨	2018	1,696	72,032	337,692	1,447,170	2,588,144	1,032,883	0.780%
35	福井	2018	2,091	74,437	308,648	1,345,816	2,249,443	789,151	0.678%
36	奈良	2018	1,835	61,888	256,154	1,410,065	2,173,269	704,965	0.655%
37	鹿児島	2018	2,027	71,413	258,219	1,241,239	2,069,878	714,323	0.624%
38	佐賀	2018	1,311	61,774	243,639	1,201,770	2,064,870	772,537	0.622%
39	徳島	2018	1,090	47,191	212,031	895,925	1,853,356	834,171	0.559%
40	長崎	2018	1,640	56,155	219,915	984,071	1,788,961	668,614	0.539%
41	青森	2018	1,377	57,586	198,820	1,146,979	1,779,322	552,138	0.536%
42	宮崎	2018	1,396	56,230	191,620	992,130	1,714,023	611,617	0.517%
43	秋田	2018	1,711	62,539	218,855	760,803	1,335,769	502,839	0.403%
44	島根	2018	1,130	42,420	159,932	786,404	1,273,231	441,470	0.384%
45	鳥取	2018	834	33,923	116,042	518,997	805,536	244,111	0.243%
46	高知	2018	1,125	25,553	87,467	356,750	594,523	207,766	0.179%
47	沖縄	2018	1,113	26,706	77,844	285,339	498,563	174,349	0.150%

（出所）経済産業省　工業統計調査　2019 年確報　地域別統計表を基に筆者が作成。

かでも茨城県は人口こそ267万人しかありませんが製造物出荷台数が全国8位で13兆円と高く，6位で14.1兆の埼玉県（人口734万人），13.1兆の千葉県（人口628万人）とほぼ変わりません。また茨城県の製造業の付加価値額は約4.5兆円と千葉県の3.2兆円を大きく凌駕しており高付加価値な大企業の生産拠点が多く立地していることがわかります。大きな工場では従業員が多く，そこに賃貸ビジネスのチャンスが存在します。この章では少ない投資額で比較的高い，表面利回りが期待できる北関東の中でも茨城県を例に用い資産計画の策定方法についてみていきます。

４－２．大都市圏周縁部という立地

　茨城県は研究都市であるつくば市を中心とする県南と，製造・商業を中心とする県央，日立製作所の発祥地である日立市を中心とする県北，製造業と流通業の発展が著しい西部，鹿島臨海工業地帯を形成する東部の5地域に分かれます。水戸市は県央経済の中心です。製造業が盛んな茨城県の1人当たり県民所得は平成25年で16位であったのが平成29年には7位，と躍進しています[1]。

　茨城県の市町村別経済計算によると市町村別の経済規模は図表4－3の通りで2018年の1年間の付加価値額が5,000億を超えた市町村は1位がつくば市で2位が水戸市，3位が古河市，4位が神栖市，5位が日立市，6位がひたちなか市，7位が土浦市となります。1兆円を超えるのはつくば市，水戸市，古河市の3市となります。つくば市は国の肝いりで開発がすすめられた結果，多くの研究機関が集い，科学技術関連の知的サービスの売上が多いのが特徴です。水戸は周辺に点在する日立製作所関連の従業員を支える商業及び科学技術関連産業の集積地です。3位の古河市は東京と宇都宮を結ぶ4号バイパスと圏央道の開通で交通の要衝となり生産・物流拠点として年間の成長率が27.4%となるなど急速な発展を遂げています。日立市は文字どおり日立製作所のおひざ元ですが日立製作所の業態転換で経済規模は下向きです。神栖市は鹿島のコン

1）茨城県平成29年度県民経済計算の全都道府県推計結果における茨城県の状況について。

| 図表4－3 | 市町村別・地域別の市町村内総生産（名目） |

	実数		対前年度増加率		実数		対前年度増加率
	平成29年度（億円）	平成30年度（億円）	平成30年度（%）		平成29年度（億円）	平成30年度（億円）	平成30年度（%）
水戸市	12,371	12,695	2.6	桜川市	1,236	1,198	-3.1
日立市	9,209	8,767	-4.8	神栖市	8,699	8,838	1.6
土浦市	7,457	6,653	-10.8	行方市	1,074	1,111	3.5
古河市	8,839	11,257	27.4	鉾田市	1,590	1,572	-1.1
石岡市	2,754	2,784	1.1	つくばみらい市	2,204	2,494	13.2
結城市	1,996	2,102	5.3	小美玉市	2,291	2,439	6.5
龍ヶ崎市	2,641	2,598	-1.6	茨城町	1,437	1,408	-2.0
下妻市	1,997	1,970	-1.4	大洗町	992	989	-0.4
常総市	3,489	3,472	-0.5	城里町	427	397	-7.1
常陸太田市	1,151	1,187	3.1	東海村	3,882	3,868	-0.3
高萩市	1,185	1,208	1.9	大子町	519	482	-7.1
北茨城市	1,956	2,015	3.0	美浦町	746	655	-12.2
笠間市	2,427	2,467	1.7	阿見町	2,954	2,767	-6.3
取手市	3,612	3,390	-6.1	河内町	248	240	-3.2
牛久市	2,207	2,235	1.3	八千代町	916	930	1.6
つくば市	14,169	14,461	2.1	五霞町	1,096	1,012	-7.7
ひたちなか市	7,950	8,050	1.3	境町	1,029	1,042	1.2
鹿嶋市	3,324	3,477	4.6	利根町	234	208	−11.3
潮来市	761	782	2.7				
守谷市	3,047	3,140	3.1	県北地域	28,738	28,519	-0.8
常陸大宮市	1,444	1,469	1.7	県央地域	3,114	3,138	0.8
那珂市	1,441	1,472	2.2	鹿行地域	25,623	25,381	-0.9
筑西市	5,022	4,681	-6.8	県南地域	19,946	20,395	2.3
坂東市	2,693	2,737	1.7	県西地域	15,448	15,780	2.1
稲敷市	1,487	1,559	4.8				
かすみがうら市	1,815	2,074	14.2	茨城県計	138,020	140,355	1.7

（出所）茨城県　平成30年度（2018年度）茨城県市町村民経済計算の概要。

ビナートの中心として安定した産業基盤を確保しています。つくば市や水戸市，神栖市は安定した成長を続けています。経済規模からいえばつくば市を賃貸経営の候補とすべきですが，つくば市の不動産価格は水戸市の倍ほどします。水戸市は社会増減（ある地域の人口が，他地域からの転入，他地域への転出によ

図表4－4	茨城県市町村社会増減（トップ10）		

	人口総数	社会動態 社会増減	転入	転出
つくば市	245,213	382	1,026	644
取手市	104,616	238	718	480
土浦市	137,970	72	466	394
鹿嶋市	67,130	58	206	148
神栖市	95,431	53	292	239
常総市	59,277	46	288	242
笠間市	73,598	43	137	94
つくばみらい市	51,098	39	189	150
古河市	138,413	37	413	376
水戸市	269,220	30	658	628

（出所）茨城県の人口と世帯（推計）2020年12月1日より筆者が編集。

って生じる増減）で見ると図表4－4のように県内10位と穏やかな増加ですが，転入・転出を合計した人口規模はつくば市に次いで2位で，転勤族が多いことを示します。これは賃貸経営にとって有利に機能します。

　次に水戸にターゲットを絞ってその周辺エリアの成長率をみてみます。なぜなら商業の発展した水戸に居住し，そこから自家用車で通勤する人が多いからです。水戸を中心とするエリアを茨城県の県央エリアと呼称します。水戸市が県全体に占める経済規模は9％ですが県央エリアに占める割合は24％となりほぼ4分の1を占めるからです。県央エリアの成長率をみるとひたちなか市（1.3％），小美玉市（6.5％），笠間市（1.7％），那珂市（2.2％），大洗町（－0.4％），茨城町（－2.0％），城里町（－7.1％），東海村（－0.3％）となりますが，日立製作所の主力工場が位置するひたちなか市，日本原子力研究開発機構が位置する東海村などが水戸に次ぐ大きな経済的位置を占めています。

4－3．投資指標を学ぶ

　4－3．の投資指標を学ぶでは水戸駅周辺の区分中古マンションに投資する

場合を想定し，その分析指標を学習します。

【1】 表面利回りと NOI（営業純利益）利回り

　水戸駅徒歩圏内（15分）にある物件を具体的に比較していくことにします。水戸市は北の市境に沿って那珂川が東西に流れているので洪水のリスクがあります。しかし水戸徳川家が鎮座した水戸駅北側にある水戸城から拡がる丘陵地帯は洪水のリスクがありません。丘陵地帯にあり1983年以降に建設された新耐震基準を満たしている区分中古マンション6件の販売に関する情報を図表4−5のようにまとめました。この情報を基にして資産計画を作ることで投資にふさわしい物件かどうかを判断することにします。

| 図表4−5 | 水戸マンション物件比較 2021年4月現在（単位：万円） |

物件名	販売価格	総コスト（諸費用込み）（10%）	築年	施工	総戸数	面積	階数	駅から徒歩【分】
ライオンズシティ水戸	1,080	1,188	1,995	東海興業	125	55	2	8
ライオンズ水戸グランフォート	3,980	4,378	2,012	熊谷組	165	90	10	5
ロイヤルヒルズ梅香	1,350	1,485	1,996	間組	68	74	3	10
三の丸クランキャッスルタワー	2,200	2,420	2,001	間組	181	75	9	5
レーベン水戸 The Premiere	3,380	3,718	2,018	埼玉建興	158	85	3	10
セレナハイム水戸南町	1,580	1,738	2,000	第一建設	67	60	4	15

総コスト

不動産購入には，物件の購入価格に加え，仲介手数料（物件価格×3％＋6万円），登記費用，不動産取得税，固定資産の支払金，金融機関から借り入れを行った場合にかかる抵当権設定費用，融資手数料など物件購入価格の7〜10%程度のコストがかかります。物件価格にこれらのコストを加えた金額を総コストといいます。このケースでは物件購入価格の10%に設定します。

　図表4−5の表中のいずれのマンションも駅からの距離は徒歩で5分〜15分，築年は1995年から2018年まで，販売価格は1,080万〜3,980万円です。水戸でも築浅物件は3,980万円（2012年竣工），3,380万円（2018年竣工）と高価

です。日本はスクラップアンドビルドの文化であり，築浅物件は高く評価され
ますがほんの 20 〜 30 年前に建てられた物件でも築古と呼ばれ廉価に販売され
てしまいます。例えば 2001 年竣工の三の丸グランキャッスルタワーは茨城県
の発展のシンボルとして建てられた高層マンションで官庁街の入り口に立ち水
戸駅を見下ろす好立地の建物です。建物の敷地すべてを使った２階まで吹き抜
けのロビーはどんな一流のホテルのロビーをも凌駕します。また最高級の素材
と施工がすばらしいので最新のマンションと比較しても全く見劣りしません。
このような建物でも日本では 20 年も経てば半額に下がってしまいます。一方，
欧米人は居住と投資両方の目的で不動産を購入します。欧米の物件は中古が主
力で多くの場合購入価格よりも販売価格が上昇していきます。そこで日本では
欧米とは逆に程度の良い中古物件が廉価で購入できるチャンスが生まれます。
リノベーションを行い家賃収入を得るチャンスがそこに生まれるのです。

　図表４−５の物件についてネット不動産検索サイトを用い賃貸履歴から賃料
を調査し分析したものが図表４−６になります。図表４−６では表面利回りと
NOI 利回り（Net Operational Income）が計算してあります。表面利回りと NOI
利回りとは以下のように定義される指標です。

【1】表面利回りと NOI（営業純利益）利回り

表面利回り

総潜在賃料収入（PRI = Potential Rental Income）を分子として総コス
トを分母としたものです。総潜在賃料収入とは満室の時入ってくる１
年間の最大潜在収益を物件購入に使った総コストで割ったものです。

$$表面利回り＝\frac{総潜在賃料収入（PRI）}{総コスト}\times 100\%$$

NOI 利回り（Net Operating Income）

最大潜在収益から，空室損失，滞納家賃未回収分，運営費などを引い
た実際に入ってくる想定利益率を示します。日本語では営業純利益と
訳されます（NOI 利回りは総潜在収入の 70 〜 80％程度で計算します。この

ケースでは総潜在収入の 70% に設定します）。

$$NOI 利回り = \frac{営業純利益（NOI）}{総コスト} \times 100\%$$

| 図表 4 － 6 | 水戸マンション物件比較 2021 年 4 月現在 |

物件名	家賃平均（月）	管理費・修繕積立金	管理費等引き後利益	NOI（月）	総潜在賃料収入（年）	NOI（年）	表面利回り	NOI利回り
ライオンズシティ水戸	8.96	1.85	7.11	4.977	108	60	9.1%	5.0%
ライオンズ水戸グランフォート	16.38	3.52	12.86	9.002	197	108	4.5%	2.5%
ロイヤルヒルズ梅香	11.2	2.92	8.28	5.796	134	70	9.1%	4.7%
三の丸クランキャッスルタワー	13.3	3.03	10.27	7.189	160	86	6.6%	3.6%
レーベン水戸 The Premiere	16.7	1.74	14.96	10.472	200	126	5.4%	3.4%
セレナハイム水戸南町	10.9	1.63	9.27	6.489	131	78	7.5%	4.5%

　例えばライオンズシティ水戸の家賃は 8.96 万円ですが，区分マンションではオーナーが管理費・修繕積立金を支払わなければなりません。これを引くと利益は 7.11 万となります。

　さらに空室損失，滞納家賃，運営費などを 30% と見積もった場合の NOI（営業純利益）は 4.977 万となります。家賃平均と NOI に 12 を掛けた年間でみると総潜在賃料収入が 108 万，NOI は 60 万となります。これを図表 4 － 5 の総コストで割ると表面利回りで 9.1%，NOI 利回りで 5.0% となります。表面利回りでは図表 4 － 7 で示したようにライオンズシティ水戸とロイヤルヒルズ梅香が 9.1% と一番高くなりました。表面利回りの計算は総潜在賃料収入÷総コスト× 100% なのでライオンズシティ水戸が総潜在収入（108 万円）÷総コスト（1,188 万円）× 100% ＝ 9.1% となりロイヤルヒルズ梅香では総潜在収入（134 万円）÷総コスト（1,485 万円）× 100% ＝ 9.1% となります。

| 図表 4 － 7 | 表面利回りの計算 |

物件	総潜在収入	諸費用込物件価格（総コスト）	表面利回り
ライオンズシティ水戸	108（9 万× 12 か月）	1,188	9.1%
ロイヤルヒルズ梅香	134（11.2万× 12 か月）	1,485	9.1%

　次に NOI 利回りを計算します。図表 4 − 8 から見てわかるように区分マンションを購入した場合はオーナーが管理費・修繕積立金を支払わなくてはならないので家賃収入から管理費・修繕積立金が引かれます。管理費等を引いたのちの利益から空室リスクなどを引いた NOI を計算します。この場合は 70％です。NOI 利回りはライオンズシティ水戸が 5 ％，ロイヤルヒルズ梅香が 4.7％となりました。

図表 4 − 8　NOI 利回りの計算

物件	NOI（営業純利益）	諸費用込物件価格（総コスト）	表面利回り
ライオンズシティ水戸	60（4.97万×12か月）	1,188	5.0%
ロイヤルヒルズ梅香	70（5.79万×12か月）	1,485	4.7%

　次にベンチマークをライオンズシティ水戸に絞りシミュレーションを行います。このシミュレーションでは総コスト（1,188 万円）の半分を金融機関から1.4％（30 年ローン）で借り入れて行うという想定のもと資産計画を立てていきます。

ベンチマーク「ライオンズシティ水戸」

・総購入費用・・・1,188 万円

・自己資金・・・594 万円

・借入金・・・594 万円（50％）

・ローン条件・・・金利 1.4％（30 年ローン）

・毎月返済額・・・20,216 円

・5 年後売却価格（10%減価）・・・972 万円

・N O I 率・・・70％

　ライオンズシティ水戸に投資して入居者がみつかった場合，平均して約 9 万円の家賃収入が見込めますが，1.85 万円の管理費・修繕積立金を払わなくてはならないので実質の家賃収入は 7.15 万円となります。ここから空室リスク，滞納家賃未回収分，運営費などを引いた NOI（営業純利益）は 5 万円となりま

図表4-9　ライオンズシティ水戸を購入した場合の収支【万円】

NOI（営業純利益）	60
（年間借入金返済）	△24
キャッシュフロー	36

す。次に金融機関への返済金2万円が引かれます。そのため最終的な利益は月3万円となります。年間ベースでは図表4-9に示したように36万円にしかなりません。

【2】返済倍率（DCR/Debt Coverage Ratio）

不動産投資であってはならないことは借金が返せなくなることです。金融機関から借り入れを行うためには土地・建物を抵当に出さなくてはなりません。せっかく投資した物件が金融機関から差し押さえられ競売に付されれば元も子もありません。そこで返済倍率という指標を用い資産計画を立てることが重要となります。

$$返済倍率 = \frac{NOI（営業純利益）}{年間借入金返済額}$$

ライオンズシティ水戸のケースでは返済倍率は 60 ÷ 24 = 2.5 倍となります。NOI（営業純利益）で十分に借り入れの返済が可能であることがわかります。返済倍率の目標値としてはリノベーション企画で 1.50 以上，新築企画で 1.6 ～ 1.7 以上と言われていますので，2.5 であれば問題なしということになります。

【3】自己資金利回り

自己資金利回りとは融資を受けた金額を含まない自己資金に対する利回りです。自己資金は 594 万円（総コストの 50％）ですので，自己資金利回り＝キャッシュフロー（36 万円）÷自己資金（594 万円）× 100％ = 6％になります。

$$自己資金利回り = \frac{キャッシュフロー}{自己資金} \times 100\%$$

【4】自己資金回収

自己資金（594万円）÷キャッシュフロー（36万円）＝ 16.5

　自己資金回収とは出資したお金が何年で回収できるか評価する指標です。ラ
イオンズシティ水戸に投資した場合の回収期間は16.5年です。もちろん回収
する年月が早い方がよいことは間違いありません。この期間が長いのか短いの
か判断するには他の物件と比較する必要があります。すべての物件で50％の
借入を行い何年で自己資金を回収できるかという比較を行うと図表4－10の
ようになります。

$$自己資金回収 = \frac{自己資金}{キャッシュフロー}$$

図表4－10　水戸の区分マンション（自己資金回収（年））

物件名	自己資本	キャッシュフロー	自己資金回収（年）
ライオンズシティ水戸	594	36	17
ライオンズ水戸グランフォート	2,189	19	115
ロイヤルヒルズ梅香	743	39	19
三の丸クランキャッスルタワー	1,210	37	33
レーベン水戸 The Premiere	1,859	50	37
セレナハイム水戸南町	869	43	20

【5】キャップレート

　不動産の営業純収益（NOI）を総コストで除した値をキャップレートといいます。

$$キャップレート = \frac{NOI}{総コスト} \times 100\%$$

図表4－11　キャップレート

物件名	NOI年	不動産価格（手数料込）	キャップレート
ライオンズシティ水戸	60	1,188	5.0%
ライオンズ水戸グランフォート	108	4,378	2.5%
ロイヤルヒルズ梅香	70	1,485	4.7%
三の丸クランキャッスルタワー	86	2,420	3.6%
レーベン水戸 The Premiere	126	3,718	3.4%
セレナハイム水戸南町	78	1,738	4.5%

　総コストに対する純利益率，つまりキャップレートは大きい方が望ましいので優れた順に物件名を並べてみるとライオンズシティ水戸 (5.0%)，ロイヤルヒルズ梅香 (4.7%)，セレナハイム水戸南町 (4.5%)，三の丸グランキャッスルタワー (3.6%)，レーベン水戸 The Premiere (3.4%)，ライオンズ水戸グランフォート (2.5%) となります。

　またキャップレートからは不動産の適正価格を抽出することができます。例えば年間 150 万円の営業純収益が期待できる物件で，地域や築年数から 6 ％のキャップレートがふさわしいと判断したならば，その不動産価格は 150 万円 ÷ 0.06 = 2,500 万円が適正であることになります。キャップレートは賃貸用住宅ならば 5 ～ 8 ％，商店やレストランなどの事業用物件であれば 7 ～ 10 ％程度が目安と言われています。

4 − 4．NPV と IRR を用いた出口戦略（区分マンション）

　ここでは NPV と IRR を用いた資産計画の立案方法を学んでいきます。2 つの指標を用い，様々な投資案件を比較することができます。比較することでいくつかの選択肢の中から最も適切な投資対象を選ぶことができます。同時に投資プロジェクトの開始から終了までででいつどの程度の利益を得ることができるのかを測定することが可能となります。

4 − 4 − 1．NPV を用いた出口戦略

　NPV（Net Present Value）とは日本語にすると正味現在価値になります。これを学ぶ前に将来価値（FV）と現在価値（PV）の計算例を先に見ておきます。例えば毎年のボーナス 100 万円を金利 1 ％の複利で運用する金融商品に 3 年間投資した場合次の計算例のように 306.04 万円が得られることになります。つまりこのプロジェクトの FV は 306 万円となります。

①将来価値（FV）の計算例

1年目に入れたお金　　100万円×（1 + 0.01)^3 = 103.03万円

2年目に入れたお金　　100万円×（1 + 0.01)^2 = 102.01万円

3年目に入れたお金　　100 ×（1 + 0.01) = 101万円

合　計　　103.03万円 + 102.01万円 + 101万円 = 306.04万円

②現在価値（PV）の計算例

　次に現在価値の計算例をみてみます。将来の想定収益を現在の価値に割り引いていくと現在価値（PV）が計算できます。例えば3年間続けて毎年100万円ずつ合計300万円もらえるとします。しかし将来もらえるお金の価値を現在の価値に直すとそれは300万円ではありません。なぜなら徐々に物価が上昇し，今日100円のパンは110円になっている可能性があるからです。将来もらえる300万円では同じ量のパンが買えなくなります。そこであらかじめ物価の上昇率を予測し現在の価値に割り引いておく必要があるのです。例えば物価上昇が年2％であると予測した場合の毎年100万円ずつ3年間もらえるお金の合計は次のようになります。

1年後もらえるお金の価値　　100万円 ÷ 1.02 = 98.04万円

2年後もらえるお金の価値　　100万円 ÷（1.02)^2 = 96.12万円

3年後もらえるお金の価値　　100万円 ÷（1.03)^3 = 94.23万円

　つまり毎年100万円3年間にわたってもらえるお金の現在価値は98.04 + 96.12 + 94.23 = 288.39万円となるわけです。このように将来もらえるお金の価値を割り引くことによって計算された現在のお金の価値をPV（プレゼント・ヴァリュー）と呼びます。

　さて今後5年間毎年1％の物価上昇を見込んだ場合のライオンズシティ水戸から得られる収益のPVは以下のように計算されます。

$$NPV = \frac{36}{(1+0.01)} + \frac{36}{(1+0.01)^2} + \frac{36}{(1+0.01)^3} + \frac{36}{(1+0.01)^4} + \frac{36}{(1+0.01)^5} + 174.7235$$

174.7235 × 10,000円 = 1,747,235円

　このように¥1,747,235 となります。さらに PV に自己資金投入額，売却益を加えれば正味現在価値「NPV（ネット・プレゼント・ヴァリュー）」を計算することができます。ライオンズシティ水戸の購入コストは 1,188 万円でした。購入コストの半分（50％）は融資を受けることにしたので自己資金投資額は 594 万円です。そこで式の頭に − 594 万円を置きます。

　さて出口戦略としてこの不動産を販売価格の 1,080 万円から 10％減価した 972 万円で売却すると予定したとします。594 万円を 30 年ローン（1.4％）で借り入れた場合の 5 年後（60 回支払い後）のローン残高は 511 万円（計算方法は第 3 章のケーススタディ参照）となります。さきほど売却額は 972 万円となると予測したので，売却益は 461 万円（972 − 511 = 461 万円）となります。461 万円に 5 年目の家賃収入 36 を足した 5 年目のキャッシュフローは 497 万円（461＋36 = 497 万円）となります。上記の計算式に自己資金と 5 年目のキャッシュフローを代入した NPV を求める式は次のようになります。

$$NPV = -594 + \frac{36}{(1+0.01)} + \frac{36}{(1+0.01)^2} + \frac{36}{(1+0.01)^3} + \frac{36}{(1+0.01)^4} + \frac{497}{(1+0.01)^5} + 19.3492$$

19.3492 × 10,000円 = 193,492円

　これを計算すると ¥ 193,492 となります。5 年間苦労して投資するにはもちろんふさわしくない利益です。投資不適格となります。

　図表 4 − 12 は資産計画を立てるプロセスをわかりやすいように図式化したものです。図には購入時に使用したお金を示す購入時指標，運用時に入ってくるお金の流れを示す運用時指標，売却時に得られる売却益を計算した売却時指標が記載されています。図の下部には購入時の自己資金，毎年の運用益，売却利益，投資指標である NPV と IRR が示されています。

　また最下部にはライオンズシティ水戸と同様に他の物件を購入した場合の自己資金額，運用益売却益，NPV，IRR が記載されています。これらを比較することで投資適正物件を選ぶことが可能になります。

図表4－12　NPVとIRR分析（区分マンション）

購入時指標

物件価格	1,188
自己資産	594
ローン（50%）	594
金利	1.40%
割引率	1%

運用時指標

総潜在賃料収入	107.52
営業純利益（NOI）	60
年間借入金返済額	24
キャッシュフロー	36

売却時指標

売却額	972
借入残高	511
売却益	461

物件名	キャッシュアウトフロー	1	2	3	4	5	NPV	IRR
ライオンズシティ水戸	−594	36	36	36	36	497	19	1.7%
ライオンズ水戸グランフォート	−2189	19	19	19	19	1,716	−484	−4.0%
ロイヤルヒルズ梅香	−743	39	39	39	39	614	−4	0.9%
三の丸クランキャッスルタワー	−1210	37	37	37	37	975	−139	−1.6%
レーベン水戸The Premiere	−1859	50	50	50	50	1,491	−244	−2.0%
セレナハイム水戸南町	−869	43	43	43	43	717	−21	0.4%

　NPVをみるとライオンズシティ水戸以外の区分マンションへの投資がすべてマイナスとなることがわかりました。つまり区分マンションへの投資は非常に難しいことがわかります。労多くして赤字多しといった具合です。その中でも比較的軽傷なのがロイヤルヒルズ梅香（−4万円）とセレナハイム水戸南町（−21万円）です。高額なライオンズ水戸グランフォートとレーベン水戸は赤字が激しくそれぞれ−484万円，−244万円となりました。原因としては，①区分マンションを購入しても家賃の10〜26%（平均19%）を管理費・修繕積立金としてオーナーが負担しなくてはならない。②土地に関する権利がほとんどないのにワンユニットごとの価格が高いことに原因があります。

　地方中小都市で区分マンションの賃貸経営を行おうとするならば不動産価格が大きく値下がるのを待つ，あるいは①旧耐震基準の建物を安く購入し（300〜500万円程度），それを新耐震基準の建物の6割程度で貸し出すといった戦略があります。そのような場合には地盤が安定しており地震が来ても倒壊しない，水害がない，管理組合が機能しており管理費・修繕積立金もリーゾナブルであるということが条件となります。

４－４－２．IRR

　IRR（Internal Rate of Return）は日本語では内部投資収益率と訳されます。これは投資に対する将来のキャッシュフローの総額と投資額の現在価値が等しくなる場合の割引率を示します。ｒは１年間の割引率を示し高いほどすぐれた投資対象となります。投資の世界ではリターンを測定する指標として利回りが用いられることが多いのですが，利回りは時間と収益の変化を考慮していません。しかしIRRでは将来に行くほど割引率が高くなるためインフレへの対応，また将来の家賃の増減を考慮し，分子の毎年のキャッシュフローを変化させた計算に対応ができるため，金利よりもより現実に即した比較が行える点に特徴があります。不動産物件の比較だけでなく他の金融商品との比較も可能になります。ライオンズシティ水戸の例では594万円の自己資本投資とキャッシュフロー，売却益の合計とが同額となるようなｒを求めることになります。ライオンズシティ水戸のｒを求めると1.7％となります。他の区分マンションでは，指標がプラスなのがロイヤルヒルズ梅香で0.9％，セレナハイム水戸南町が0.4％で，大きな割引率を得られるような投資先はないことが明らかになりました。

$$594＝\frac{36}{(1+r)}+\frac{36}{(1+r)^2}+\frac{36}{(1+r)^3}+\frac{36}{(1+r)^4}+\frac{497}{(1+r)^5}$$

４－５．NPVとIRRを用いた出口戦略（集合アパート）

　次に水戸市内にある１棟マンション，１棟アパートにNPV，IRRを用い資産計画を立て１棟アパートの投資と区分アパートの比較を行いどちらが有利か検証することにします。物件の検索サイトは１章で用いた健美家を用います。検索条件は満室稼働中，新耐震基準の物件としました。

　図表４－13の１・２・４番目の物件で資産計画を立て分析を行います。３番目の物件は１階部分に店舗も含まれているため他の物件と同等の比較が困難という理由で分析から除くことにしました。

| 図表4－13 | 水戸市内の1棟買い物件 |

画像 お気に入り追加・資料請求（無料） チェックした物件をまとめて↓	タイトル 住所／交通	登録日	価格 ▼利回り	建物/専有面積 土地面積	築年月 階数/総戸数
	満室稼働中 1DK×6戸 バス停徒歩5分 茨城県水戸市松本町6-11 JR常磐線 水戸駅 歩43分		3,000万円 9.56%	建:215.55m² 土:410.88m²	1990年6月 3階建/6戸
	満室賃貸中！ 水戸市 二棟一括 専任媒介 茨城県水戸市千波町1732 JR常磐線 水戸駅 バス10分 歩4分		7,500万円 8.51%	建:362.88m² 土:748.34m²	1990年6月 2階建/16戸
	水戸市 7,600万円 7.69% 一棟アパート 茨城県水戸市大工町2丁目1-18 JR常磐線 水戸駅 バス10分 歩2分		7,600万円 7.69%	建:273.14m² 土:222.02m²	2000年11月 2階建/9戸
	水戸市 4,480万円 5.89% 一棟アパート 茨城県水戸市千波町1799-135 JR常磐線 水戸駅 歩43分		4,480万円 5.89%	建:155.57m² 土:342.05m²	2008年7月 2階建/4戸

（出所）健美家。

| 図表4－14 | 水戸1棟買い物件比較 2021年8月現在（単位：万円） |

物件名	販売価格	諸費用込み(10%)	築数	居室タイプ	総戸数	面積（土地）	構造	階建て	駐車場
1	3,000	3,300	1,990	1DK	6	215 (411)	RC	3	7
2	7,500	8,250	1,990	1K	16	362 (748)	S	2	16
4	4,480	4,928	2,008	1K, 1LDK	4	156 (342)	W	2	4

　3大都市圏（東京，名古屋，大阪）と地方4都市（福岡，広島，仙台，札幌）は地下鉄や市電，バス等の路線網が充実しているため，車がなくても生活に不自由はしません。しかし地方中小都市では車がないと生活が困難です。例えば駅前に土産物屋しかなく，スーパーは車で行かなくてはならないとか，職場の工場は駅からかなり離れた場所に位置するといったケースが多いからです。基本的な街の構造が車ありきなのです。

　水戸周辺の工場に通勤する従業者の利便性を考慮した場合，重要なのは駅近ではなく，駐車場の確保です。地方では駐車場のない物件の賃貸は困難です。

２人居住する世帯では２台分の駐車場が必要です。図表４−14では１世帯に１台の駐車スペースは確保されています。最低条件はクリアです。次は部屋のサイズと造りです。１の物件は１DKと広く，より広い居室を好む若者のニーズと合致しています。特にこのサイズの建物に珍しくRC（鉄筋コンクリート）造りで長期の賃貸が期待できます。また１人あたりの建物の床面積を部屋数で割った数値も36 ㎡（建物面積を部屋数で割ったもの）と２の物件の23 ㎡より相当程度広いことになります。また１の物件は水戸城から連なる岩盤の上に建てられているので水害や地震にも耐えうる堅固な物件です。２の物件と４の物件も市南部の住宅や商業地域にあり生活には便利ですが，２は鉄骨造，４は木造なので騒音や耐久性に不安が残ります。

図表４−15　水戸１棟買い物件比較 2021 年８月現在（単位：万円）

物件名	家賃収入/年	NOI/年	NOI（月）※	表面利回り	NOI利回り
1	286.80	200.76	16.73	9.6%	6.1%
2	638.76	447.13	37.26	8.5%	5.4%
4	263.88	184.72	15.39	5.9%	3.7%

　１の物件は総潜在家賃収入が月 23.9 万円で NOI は 16.73 万円です。２の物件の家賃それぞれ 53.2 万円，37.26 万円，４の物件はそれぞれ月 22 万円，15.39 万円となります。営業純利益（NOI）は２の物件が高いですが物件価格が 7,500 万円と高額で手が出しにくいと思われます。１の物件は 3,000 万円なので融資を受ければサラリーマンでも手が届く額です。４の物件は 4,480 万円と木造にしては高額です。表面利回りをみるとここでも優秀なのは１の物件であることがわかります。

　次に出口戦略として NPV と IRR を用いた収益性分析をします（図表４−16）。区分マンションと同じように諸費用込みの総コストの半分を自己資金とし，残りの半分を金融機関から融資を受け５年後に物件を売却し残債を返済します。５年後の売却額は 10％の減価を予定しています。このような条件の下 NPV と IRR を計算すると NPV は２の物件が高く５年間で 260 万円の収益が得られます。次は１の物件で 207 万円，しかし４の物件は − 244 万円です。

図表4−16	NPV と IRR 分析（1 棟買い）【単位：万円】

購入時指標

物件価格	3,300
自己資産	1,650
ローン（50%）	1,650
金利	1.40%
割引率	1%

運用時指標

総潜在賃料収入	286.8
営業純利益（NOI）	200.76
年間借入金返済額	67.2
キャッシュフロー	133.56

売却時指標

売却額	2,700
借入残高	1,430
売却益	1,270

物件名	キャッシュアウトフロー	1	2	3	4	5	NPV	IRR
1	−1,650	134	134	134	134	1,404	207	3.8%
2	−4,125	279	279	279	279	3,465	260	2.4%
4	−2,464	84	84	84	84	1,989	−244	−1.2%

次に IRR をみると 1 の物件が一番高く 3.8%，2 の物件は 2.4% です。得られる収益は 2 が多いのですが効率は 1 のほうが圧倒的に良いことになります。どういうことかというと 2 の物件の投資には 8,250 万円もかけて 260 万円しか得られないということです。これに対し 1 の物件は 3,300 万円の投資で 207 万円得るということです。8,250 万円の資金があるならば 2 の物件に 8,250 万円払うよりも 1 の物件に 3,300 万円を投入し，残りの 4,950 万円（8,250 − 3,300 = 4,950）のお金で他の物件を購入すればずっと大きな総潜在家賃収入が期待できるということです。4 の物件は IRR もマイナスなため投資不適格なのは一目瞭然です。1 の物件は借入が少ないので急激な金利の上昇にも耐えられますが，2 の方は困難です。また構造上も 1 の建物のほうが堅固なので想定通りに売却できなくても長期保有にも適しています。

4−6．区分マンションと集合住宅の 1 棟買いの比較

以上区分マンションと集合住宅の 1 棟買いを比較すると後者のほうが優れていることが明らかになりました。まとめてみると次のようです。

①区分マンションでは売上から平均 20% 程度の管理費・修繕積立金を支払わなければならないのでキャッシュフローは小さくなります。
②区分マンションの NOI 利回りが 2.5 〜 5.0% と低いのに対し，集合住宅の

ほうは 3.7 〜 6.1％と高いです。

③マンションは管理組合が主導するので，住民による組合活動が上手く機能
しないとエレベーターや水圧ポンプなどの共用部分の運営がおろそかにな
り危険です。

④集合住宅は既に満室の物件を選んだので，区分マンションのように宣伝費
をかけ募集する必要がありません。また最初からキャッシュフローを得る
ことができます。ただし購入する際，レントロール（賃貸人の家賃の支払い
履歴）や周囲不動産屋への聞き込みを怠らないことが肝要です。

⑤区分マンションは空室がでると次の賃貸人を探すまで時間がかかります
が，集合アパートは同時にすべて空室になることはまれです。

資産計画を立てた結果，区分マンションより1棟買いのほうが有利であるこ
とがわかりました。

第5章

競売不動産の購入

　表面利回りや NOI 利回りを高くすることが賃貸経営に重要な要素であることを第4章で学びました。それには不動産を安く購入することが重要です。不動産を安く購入する方法に競売不動産の購入があります。一般的に言って不動産仲介業者はいい物件は自社で保有するかあるいはお得意さんに売却し，売れ残りの物件を市場に回すので一般消費者のメリットは少なくなります。競売物件を購入するメリットは裁判所という公的機関を経由することで不動産業者と対等な立場で競争できる点にあります。一般の人が落札する場合は不動産会社が仲介するのではなく，自己責任で入札手続きから引き渡しまで行うので競売物件を購入するには知識が必要です。この章では競売不動産の購入方法についてみていきます。

5－1．競売のメリットとデメリット

　競売不動産投資のメリットはなんといっても価格が安いことで，市価の3〜5割引の価格が売却基準価格となります。また金融機関が競売申立者であるということは彼らが金銭貸借可能物件として見なした物件であり，信用力のおける物件である可能性が高いということです。不動産物件を売買するには不動産会社が仲介に入るため仲介手数料を必要としますが競売にはそれがいりません。また賃借権や抵当権などの権利が競売で一掃され確実に所有権が移転し契約違反や詐欺がありません。

　しかしデメリットもあります。よくある例が物件明細書に書かれていることと現実が異なる点です。調査してから入札までに半年は経っているためです。何か起こったとしても国や裁判所は責任を負いません。また引渡まで，物件内

部を見ることができないことも大きなデメリットになります。購入前の手掛かりは調査報告書に掲載されている写真と債務者との会話記録のみです。そこで裁判所が作成する「物件明細書」，不動産鑑定士が作成する「評価書」，執行官が作成する「現況調査報告書」を精読し想像力を働かすことが必要となります。特に現況調査報告書が半年前の記載の場合もあるので，入札する際には必ず現地調査をする必要があります。

5-2. 競売までの流れ

　高度成長期の日本ではマイホームを建てて1人前と言われていました。国も内需拡大のため新築住宅を建てることを奨励してきました。しかし賃金上昇や終身雇用も期待できなくなった昨今では景気の良かった時代に組んだ住宅ローンの支払いが滞り，住宅やマンションが競売に付されるケースが散見されるようになりました。

　ここではある地方都市を仮定して取り上げて競売に至る1つの道筋を例示してみたいと思います。Kは2006年に1㎡7万円の土地40坪（132㎡）を購入し，30坪（102㎡）の木造注文住宅を建てたとします。合計費用は土地代（7 × 132 = 924万円）と建物価格（17 × 102 = 1,734万円）の2,658万円でした。そのうち2,000万円は銀行から融資を受けました。借り入れ条件として年利1.2%（月0.1%）の元利均等返済で30年かけて返済することにします。この条件では毎月の返済額は66,181円です。しかし人生は山あり谷あり。新居を購入した15年後の2021年に勤務先をリストラされてしまいます。まだ1,089万円の残債があります。Kは再就職しようとリクルート活動をしましたが以前の会社と比べ賃金が半分の仕事しか見つかりません。ついにローンの支払いが滞ってしまいました。

　すると図表5-1のようにローン滞納が1か月続けば金融機関から督促状が届きます。さらに滞納が6か月を超えると住宅ローンを分割で支払う権利を喪失することになります。これを期限の利益喪失といい，ローンの残債を一括して支払わねばならなくなります。残債が一括して支払われない場合，債権は金融機関から保証会社に債権譲渡され，保証会社から裁判所に競売の申し立てが

図表5-1	競売までの流れ

1か月〜
金融機関からの督促状

6か月〜
期限の利益損失（ローンで支払う権利の喪失）保証会社が裁判所に破産の申し立てを行う。裁判所から「差し押さえ通知書」が送付される。

9か月〜
裁判所から「差し押さえ通知書」が届く。

10か月〜
執行官と不動産鑑定士が調査し「物件概要書」を作成する。

13か月〜
裁判所から「期間入札通知書」が送付される。

行われます。Kには裁判所から当該物件を差し押さえたことを示す差し押さえ通知が届きます。

　9か月を過ぎると競売開始決定通知書が送られてきます。競売とは民事執行法に基づいて裁判所が窓口となり不動産をお金に換える制度です。10か月を過ぎると裁判所の委託を受けた執行官が不動産鑑定士と物件を共に調査します。調査に基づいて3つのデータ（物件明細書，現況調査報告書，評価書）が作成されます。それらの資料は3点セットとも呼ばれ，競売参加者が物件内部の状況や物件を手放すことになった理由を知る唯一の資料となります。3点セットの見方については項を改めて学習します。

　13か月を過ぎると債権者に競売の期間入札通知書が届きます。入札期間は8日間，その2〜3週間前は閲覧期間があり，インターネットでも公開されます。入札後1週間〜10日後には開札が行われ一番高い金額を提示した者が物件を競落します。このようにしてKの物件は他人の手にわたっていくことになるのです。

　買受人は裁判所より，売却許可決定謄本が受領できます。売却許可決定後，約1週間後に裁判所から買受人の住所へ代金納付の通知が来ます。売却許可決定後，1か月以内に指定された口座に保証金を差し引いた金額を納付する必要があります。落札後，競落者は登録免許税（土地と建物の固定資産税評価額の2%），不動産取得税（土地と建物の固定資産税評価額の3%）を支払う必要があります（令和6年3月31日までの間は固定資産税評価額を2分の1相当の額とする特例措置が認められています）。

５－３．競売物件の検索

　競売物件を探すには物件を購入したい地域を管掌している裁判所の閲覧室に見に行くか，BIT あるいは 981.jp というインターネットサイトを用いることになります。閲覧室では物件を管掌する地域の物件しかみられないのでネット検索が時間的にもコスト的にも早道となります。ネットサイトの BIT は最高裁判所が運営し 981.jp は一般社団法人不動産競売流通協会が運営するサイトです。981.jp が物件数も多く条件検索できるため多く用いられています。

　競売物件には多くの不動産仲介業者が参入してきます。優良物件だと競争は激しいですが，個人の場合でも数多の不動産業者との競争を回避する方法があります。不動産業者の目的は仕入れた物件の転売です。つまり安く仕入れた物件をリフォームしそれを売って利益を出すのです。転売される物件は多くの購入者にとって夢のマイホームの実現であり，そのような物件は新築のように輝いていなくてはなりません。そこで，せいぜい築 20 年までの築浅の物件が不動産仲介業者の購入対象物件となります。

　しかし賃貸経営が目的の投資家は 20 年以上たった築古の物件でかまいません。貸家に出される物件は 30 年から 50 年ほどの築古物件が多く，もともと賃借人が高レベルな物件を求めていないからです。新築の物件だと，子供が壁などを傷つけてしまわないかなどかえって気を遣ってしまいます。音楽やガーデニングを楽しめ，人に気兼ねのない場所で人生のひと時を過ごす楽しみを与えるのが賃貸住宅の役割です。このように競売物件の購入に際し賃貸経営者と不動産業者との間にはもともとギャップが存在するのです。不動産業者が参入したがらないマーケットに上手に焦点を合わせることが競売物件の購入の鍵となります。

　それでは実際に 981.jp を利用して，物件を選択してみましょう。981.jp を開き「詳細条件で検索」を選ぶと図表５－２のように情報入力画面が現れます。以下首都圏（東京，神奈川，千葉，埼玉）で一戸建ての物件を購入するケースを想定して条件を入力すべき重要な項目について解説したのが図表５－３です。検索条件の説明は図表５－３のリマークスに行いました。

図表5－2	競売物件の購入条件の入力

都道府県

☐全選択/全解除

☐北海道 (12) ☐青森県 (15) ☐岩手県 (15) ☐宮城県 (17) ☐秋田県 (17)
☐山形県 (24) ☐福島県 (13) ☑東京都 (81) ☑神奈川県 (112) ☑埼玉県 (104)
☑千葉県 (55) ☐茨城県 (48) ☐栃木県 (27) ☐群馬県 (55) ☐山梨県 (32)
☐長野県 (1) ☐新潟県 (36) ☐富山県 (14) ☐石川県 (16) ☐福井県 (10)
☐愛知県 (47) ☐静岡県 (49) ☐岐阜県 (52) ☐三重県 (14) ☐大阪府 (58)
☐兵庫県 (36) ☐滋賀県 (14) ☐京都府 (28) ☐奈良県 (13) ☐和歌山県 (13)
☐鳥取県 (9) ☐島根県 (12) ☐岡山県 (13) ☐広島県 (25) ☐山口県 (12)
☐徳島県 (11) ☐香川県 (21) ☐愛媛県 (30) ☐高知県 (12) ☐福岡県 (54)
☐佐賀県 (24) ☐長崎県 (14) ☐熊本県 (9) ☐大分県 (10) ☐宮崎県 (18)
☐鹿児島県 (15) ☐沖縄県 (16)

物件種別
☐土地 ☑戸建て ☐マンション ☐その他

種類(現況)
☑居宅 ☐宅地 ☐全て
☐事務所 ☐雑種地 ☐店舗
☐倉庫 ☐畑 ☐田
☐車庫 ☑共同住宅 ☐山林
☐道路 ☐作業所 ☐原野
☐遊技場 ☐駐車場 ☐病院
☐工場 ☐宿泊施設 ☐スポーツ施設

スケジュール
[▼] が [📅]
[▼]

敷地利用権
☑所有権 ☐地上権 ☐借地権 ☐その他

用途地域
☐住居地域 ☐商業地域 ☐工業地域

占有者
☑債務者・所有者 ☑あり(賃借人/その他) ☐なし

出品セット数
※期間入札＋特別売却で1セット
☐1セット目 ☐2セット目 ☐3セット目

フリー入力
[住所/マンション等]

買受方法
☑期間入札 ☐特別売却

管轄裁判所
[▼] [▼]

売却基準価額
[▼] ～ [800万円 ▼]

平米数
[▼] ～ [▼]

築年数
[20 年 ▼] ～ [35 年 ▼]

981.jp 格付ランク
[▼] ～ [▼]

賃貸需要
[高い ▼] ～ [とても高い ▼]

単純純利回り
[▼] ～ [▼]

耐年消化率
[▼] ～ [▼]

（出所）981.jp

図表5-3　競売物件の購入条件の解説

項目	キーワード	リマークス
都道府県		例えば首都圏を狙って投資される方なら東京，神奈川，埼玉，千葉と選択します。
物件種類	戸建て，マンション	
種類	居宅，共同住宅	
敷地使用権	所有権	敷地使用権は通常所有権を入れます。借地権や地上権を選ぶと建物は売却人のものでも，土地は第3者の物ですので，地代の支払いが生じる，建て替えができない，賃貸ができないといったことが生じる可能性があります。このため売却価格は安い場合がありますがプロでも土地所有者との交渉が難航する場合があります。初心者は所有権を選んでください。
占有者	債務者・所有者，あり（賃借人／その他）	債務者・所有者は通常いることが望ましいです。占有者がいなければ屋内の残置物を自由に処分することができなくなるからです。また物件を購入した直後からキャッシュフローを望むならば賃借人／その他にチェックを入れましょう。
期間入札	期間入札	買受方法は期間入札にします。特別売却は期間入札期間中だれも入札しなかった物件なので競争力のない物件だと見なされるからです。
管轄裁判所		対象物件が都道府県の中で特定の地区に限定されている場合，管轄裁判所を選択できます。
売却基準価格	～800万円	自分の予算にあった範囲を指定します。競落価格は通常基準価格より高く（1.5～3倍）なるので予算の4分の3から半分くらいに設定することが適切になります。
平米数		こだわりのある場合には指定してください。
築年数	20～35年	不動産仲介業者と被らないようにするには築20年以上の築古物件にします。しかし賃貸中物件が倒壊しないよう新耐震基準に合致するよう築35年以内の物件を選択します。
賃貸需要	高い～非常に高い	市区町村の人口増加率，人口密度や最寄駅からの距離などから0pt～25ptで算出されます。「高い」は19ptからになります。購入後の賃貸需要を考えた際非常に重要な指標になります。
耐年消化率		物件の構造の違いによる消化率です。例えば鉄筋コンクリート造りの建物で築47年の鉄筋コンクリート造の建物の耐年消化率は100%になります。

　賃貸経営を考えた場合，重要になるのがキャップレートでした。例えば家賃が月に6万円で表面利率10％（NOI比率8割）を目指す場合の不動産価格は4.8万円×12か月÷0.1＝576万円となります。しかし人気物件だと落札価格は通常基準価格よりも高くなり2倍程度見積もらなくてはならない場合もあります。図表5－2で示した条件（首都圏エリア，所有権，売却基準価格の上限を800万円，賃貸需要（高い〜非常に高い））で検索した結果ヒットした物件を賃貸需要が高い順に並び変えたものが図表5－4です（2021年9月）。

| 図表5－4 | 競売物件の検索 |

物件種目 買受方法	画像	売却基準価額 ◁安｜高▷	所在地	ランク 利回り ◁賃貸需要▷	築年数	面積	残り
戸建て（居宅） 期間入札①	埼玉県川越市の静かな地域にある戸建て	5,140,000円 お問合わせ	埼玉県川越市	★★★☆☆ **18.5%** 22pt / 25pt	30年	74㎡ 床面積	4日
戸建て（車庫,居宅） 期間入札①	千葉県市川市の小規模な公共施設・小中学校等がある閑静な低層住宅地域の戸建て	3,700,000円 お問合わせ	千葉県市川市大和田五丁目	★★★★☆ **38.7%** 22pt / 25pt	31年	87㎡ 床面積	10日
戸建て（居宅） 期間入札①	埼玉県鶴ケ島市の中規模な公共施設・病院・大学がある住人の多い中高層住宅地域の戸建て	3,300,000円 お問合わせ	埼玉県鶴ケ島市	★★★☆☆ **28.9%** 21pt / 25pt	29年	74㎡ 床面積	4日
戸建て（居宅） 期間入札①	埼玉県さいたま市西区の中規模な公共施設・病院・大学がある住人の多い中高層住宅地域の戸建て	5,510,000円 お問合わせ	埼玉県さいたま市西区	★★★☆☆ **16.8%** 20pt / 25pt	21年	83㎡ 床面積	24日
戸建て（居宅） 期間入札②	埼玉県鴻巣市の中規模なスーパーや商業施設がある住宅地域の戸建て	2,500,000円 お問合わせ	埼玉県鴻巣市本町八丁目	★★★☆☆ **26.4%** 20pt / 25pt	30年	65㎡ 床面積	24日

（出所）981.jp

　図表5－4のうち基準価格が一番低い5番目の物件に着目しました。理由は高崎線（JR東日本）の鴻巣駅から乗り換えなしで東京駅に直結していること，かつ鴻巣駅から650ｍの距離にあること，さらに高利回りが期待できそうだか

らです。1 番目の川越の物件の方が賃貸需要は高いのですが，駅からの距離と利回りの点で，市川の物件は駐車場の上に建物が建てられており耐震強度の面に問題があると思われるので選択から外しました。次に選んだ物件の入札価格の想定をします。図表 5 − 5 は鴻巣市に 3 つある駅から 10 分以内にある賃貸住宅を調査したものです。この地域での平均家賃は 6.7 万円，平均築年数は 41 年であることがわかります。購入対象物件の占有面積はこの地域での平均より多少低いのですが，築年数は 30 年で平均の 41 年より新しいので 7 万円ほどの家賃が期待できそうです。また敷金を付ける物件が多いので，それをなしにすることでインセンティブをつけることも可能です。7 万円で貸すことを想定し，NOI 比率 80％とし，表面利回り 10％を期待した場合次のような式になります。

入札価格＝（年間賃料× NOI 比率）÷表面利回り−リフォーム費用−諸経費
（7 × 12 × 0.8）÷ 0.1 ＝ 672 万円

この金額からリフォーム・諸経費を引いた値段（例えばリフォーム 30 万円・諸経費 40 万円），つまり 672 − 70 ＝ 602 万円が入札価格になります。

図表 5 − 5　鴻巣市一戸建て賃貸価格比較（駅から徒歩 10 分以内）単位：万円

物件番号	家賃（月）	間取り	占有面積	築年数	敷金	礼金
1	6	4LDK	122.5	52	12	なし
2	5	2LDK	55.37	30	なし	なし
3	7	2LDK	72.61	32	7	なし
4	6.3	4DK	86.11	43	12.6	なし
5	7.5	4LDK	78.66	40	7.5	7.5
6	8.3	5DK	103.09	35	16.6	なし
7	6.8	5K	110	45	なし	なし
8	6.5	4DK	84.87	44	13	なし
9	6.9	4DK	76.18	45	13.8	なし
平均	6.7		87.71	41		

（出所）SUUMO のデータより筆者が編集　2021 年 9 月時点。

5−4．3点セットを精査する

　5−3．の検索方法の項で鴻巣の物件を選択しましたので，当該物件をベンチマークとして先ほど触れた 3 点セットをみていくことにします。

| 図表5-6 | 競売スケジュール |

入札期間	令和　3年　9月22日から 令和　3年　9月29日　午後　5時00分まで
開札期日	日　時	令和　3年10月　6日　午前10時00分
	場　所	さいたま地方裁判所売却場
売却決定 期日	日　時	令和　3年10月27日　午前10時00分
	場　所	さいたま地方裁判所第3民事部
特別売却 実施期間	令和　3年10月11日　午前　9時10分から 令和　3年10月22日　午後　5時00分まで

（出所）981.jp

5-4-1. 競売スケジュール

　3点セットの冒頭部分には図表5-6のように競売スケジュールが表示されています。

　当該物件の例ですと，「入札期間」が令和3年9月22日から29日の午後5時まで，「開札期日」が令和3年10月6日午前10時，「開札場所」がさいたま地方裁判所売却場（ネットではBITで午後3時ごろ発表されます），「売却決定期日」が令和3年10月27日午前10時（売却決定期日とは裁判所が最高価格買受申出人に対し，不動産の売却を許可するか否かを審査し，その決定について発表する日になります），「売却決定場所」が，さいたま地方裁判所第3民事部となります。誰も入札しなかった物件は「特別売却」に付されます。特別売却では基準価格から2割安い買受可能価格以上の金額で最初に申し出た方に売却されます。

5-4-2. 売却基準価格

　図表5-7には「売却基準価額」，「買受可能価額」，「買受申出保証額」が記載されています。それぞれ以下を意味します。

　①売却基準価額　　不動産鑑定士が競売物件を査定し決定された価格です。
　②買受可能価額　　入札可能となる最低価格で売却基準価額の80%となります。
　③買受申出保証額　競売参加者は入札期間に売却基準価額の20%を裁判所が指定する金融機関に支払わなければなりません。競落者は残りの金額（80%）を納付期限までに支払わなければなりません。支払いがない場合には買受申出保証金は

図表５－７	売却基準価格

売却基準価格の80%が入札可能となる最低価格

不動産鑑定士が競売物件を査定した価格

物件番号	売却基準額（円） 買受可能価額（円）	一括 売却	買受申出保証額（円）	令和２年度	
				固定資産税（円）	都市計画税（円）
1～4	2,500,000 2,000,000	一括	500,000	22,843	4,266
1	670,000				
2					
3	30,000				
4	1,630,000				

入札期間に売却基準価格の20%を保証金として支払う

戻ってきません。

５－４－３．物件明細書

　物件明細書は図表５－８のように物件目録からはじまりますが，ここに記載されている住所は法務局に登記されている情報の地番，家屋番号です。登記情報は古いデータがそのまま掲載されているものもあり昭和37年に制定された「住所表示法」に則ったものでない可能性もあります。次に当該物件に共有者がいる場合には物件明細書の住所の下に引いた斜線の部分に共有者の持ち分が記載されることになります。共有者がいる場合

図表５－８	物件目録

物　件　目　録

1　所　　在　鴻巣市本町八丁目
　　地　　番　3000番22
　　地　　目　宅地
　　地　　積　59.36平方メートル

2　所　　在　鴻巣市本町八丁目
　　地　　番　3000番25
　　地　　目　宅地
　　地　　積　14.78平方メートル

3　所　　在　鴻巣市本町八丁目
　　地　　番　3000番27
　　地　　目　宅地
　　地　　積　2.20平方メートル

4　所　　在　鴻巣市本町八丁目　3000番地22
　　家屋番号　3000番22
　　種　　類　居宅
　　構　　造　木造セメント瓦葺2階建
　　床面積　　1階　30.63平方メートル
　　　　　　　2階　34.78平方メートル

（出所）981.jp

は物件を競落したのち共有者が持つ残りの部分を購入するための交渉が必要になります。物件明細書で共有者がおらず債務者本人が100％所有する物件であることを確認してください。次に続くのが図表5－9の権利概要です。

図表5－9	権利概要

1　不動産の表示
　　【物件番号1～4】
　　　別紙物件目録記載のとおり
2　売却により成立する法定地上権の概要
　　(なし)──通常なしでよい
3　買受人が負担することとなる他人の権利
　　(なし)──通常なしでよい
4　物件の占有状況等に関する特記事項
　　【物件番号4】
　　(本件所有者が占有している。)──本件所有者が占有しているがよい
5　その他買受けの参考となる事項
　　【物件番号1】　　上水道が第3者の土地を経由して引かれている。
　　　本件土地の上水道管は，売却外の南西側隣接地（地番3000番3）を経由し，同隣接地及び南側隣接地（地番3000番13）との共有管になっている可能性がある。

（出所）981.jp

その内容をより詳しくみると次の通りです。

1．通常「別紙物件目録記載のとおり」となっています。

2．売却により成立する法定地上権の概要

　通常「なし」がよいことになります。ある場合は地上権を第3者が持っていることになり，競落ののち第3者との交渉を始めなければなりません。

3．買受人が負担することとなる他人の権利

　競売しようとしている物権に賃借人がいるような場合，この欄がありになります。賃借人に家賃の滞納がある場合など面倒が起きる場合もあります。

4．物件の占有状況等に関する特記事項

　通常本件所有者が占有しているのが適切です。なぜなら占有者がおらず空き家で内部に残置物がある場合など勝手に処分ができないからです。

占有者がいる場合は裁判手続きでは不動産引き渡し命令の申し立てをするか，占有者から「明け渡し合意書」，「残置動産物放棄の合意書」，「債権・債務不存在の合意書」などを取り結び後で問題が起きないようにすることができます。また本件所有者以外が占有している場合は占有者に引渡命令を出さなくてはならないケースもあります。

5. その他買受の参考となる事項

当該物件の場合，上水道が他人の敷地を経由しています。競売に参加する前に現地を訪問して購入後トラブルにならないか確認しておく必要があります。

5－4－4．現況調査報告書

　執行官が物件に関する権利関係や占有状況，物件の形状などについて調査した内容を記載した書類を現況調査報告書といいます。執行官とは裁判所から依頼を受けた民間団体に属する人で，土地や建物の明け渡しについて債務者と粘り強く交渉を行い，外部・内部写真を撮影し，物件概要書，現地調査報告書などを作成します。競売のメリット・デメリットの項でみたように競売のデメリットは競売参加者が物件を直接見ることができない点です。そこで競売参加者は，占有者と執行官の会話内容，家屋の状況を撮影した数枚の写真などの限られた情報から競売への参加を判断しなくてはなりません。執行官は占有者と交渉できる立場にある唯一の人なので，それらの情報が記載してある現況調査報告書を精読したうえで競売への参加の可否を決定しなくてはなりません。執行官の説得に応ぜず占有を続けている物件には手を出さない方が無難です。現状調査報告書の冒頭部分には「現地調査報告書」が記載されていますが，これは物件明細書の内容の再確認となります。重要なのは現地調査報告書に続く3つの表（その他の事項，関係人の陳述等，執行官の意見）です。それぞれ9項目について以下に見ていきます。

①その他の事項

　その他の事項では土地に関する事項と建物に関する事項が陳述されています

図表5－10　その他の事項

（その他の事項用）

その　他　の　事　項

■ 1　物件1の通路部分のスチール製簡易物置は，土地に対する定着性が無く，動産と認めた。
　2　土地建物位置関係図中のア点付近に界標あり。
　3　現地での実測と債務者兼所有者が提示した図面（写真⑥）によれば，物件3の道路に接続する部分の長さ（土地建物位置関係図中のAB間）は，法務局備付けの地積測量図の記載と異なり，2メートルに満たない可能性あり。

以　上

（出所）981.jp

図表5－11　関係人の陳述等

（関係人の陳述等用）

関　係　人　の　陳　述　等

陳　述　者 （当事者等との関係）	陳　述　内　容　等
■債務者兼所有者	本件建物には，私が住んでいます。 東日本大震災のときに，浴室のタイルに亀裂ができました。（写真⑤） 本件土地の境界について，争いごとはありません。 <div align="right">以　上</div>

（出所）981.jp

（図表5－10）。

　この項目で重要なのはその他の事項の3で「物件3の道路に接続する部分の長さは，法務局備付けの地積測量図の記載と異なり，2メートルに満たない可能性あり」という点に注意が必要です。道路に2メートル以上接しない物件は再建築ができないため売却するとき困難が予想されるからです。

②関係人の陳述等

　執行官が債務者やその他関係者にヒアリングを行った結果が記載されています。債務者の人柄がうかがえる唯一のセクションですので誠実に記載されているかどうか確認が必要です。競落者は落札後，債権者の占有を解除しなくてはならないので，その際の誠実さを予測せねばらならないためです。

図表5－12　執行官の意見

（執行官の意見用）

執行官の意見

■　占有関係については，関係人の陳述及び物件の現況から，2枚目記載のとおり認めた。

以上

（出所）981.jp

図表5－13　評価書（1）評価額

一　括　価　格	
金2,500,000円	
内　訳　価　格	
物件1（土地）	金670,000円
物件2（土地）	金170,000円
物件3（土地）	金30,000円
物件4（建物）	金1,630,000円

（出所）981.jp

③執行官の意見

　執行官の意見は土地の占有関係について関係人の陳述だとか物件の現状から判断して書かれており，執行官によって文章の長短に大きな差がありますが，短い文章の方が顕著な問題がないことを示している場合の方が多いと言われています。

5－4－5．評価書

　評価書は執行官とともに当該物件を調査した不動産鑑定士が，周辺事例を調べ，物件の基準価格算定の理由を示したものです。根拠は土地と建物に関する詳細な情報から成り立っています。図表5－13と5－14は土地と建物がどのように評価されたか記載された図表です。

| 図表５－14 | 評価書（２）土地の概況及び利用状況等 |

位 置 ・ 交 通	ＪＲ高崎線「鴻巣」駅の南東方約620ｍ（直線距離）に位置する。
付 近 の 状 況	一般住宅、アパート等が建ち並ぶ住宅地域である。
主 な 公 法 上 の 規 制 等 （道路の幅員等 の個別的な規制 を考慮しない一 般的な規制）	都 市 計 画 区 分　市街化区域 用 途 地 域　第1種住居地域 建 蔽 率　60% 容 積 率　200% 防 火 規 制　なし その他の規制　特になし
画 地 条 件	地 積　76.34㎡ 形 状　不整形 地 勢　平坦 そ の 他　特になし
接面道路の状況	北東約1.8ｍ未舗装市道（建築基準法上の道路）にほぼ等高接面
土地の利用状況等	(物件4)建物の敷地
供 給 処 理 施 設	上 水 道 ： 特記事項参照 ガ ス 配 管 ： なし 下 水 道 ： あり ※敷地内までの引込がある場合を「あり」、そうでない場合を「なし」と している。

（出所）981.jp

【1】 土地の概況及び利用状況

　次が「土地の概況及び利用状況等」です。注意点をみていきます。

①駅からの距離を確認します。

　　首都圏では駅から近いことは大切な要素になります。

②主な公法上の規制

　　ここでは市街化区域か市街化調整区域かを確認しましょう。市街化調整区域では建物が建てられない場合があります。

　　次に建ぺい率・容積率に違反がないかの確認です。建ぺい率（60%），容積率（200%）を超えていれば違反となります。建ぺい率・容積率の大きい

| 図表5－15 | 評価書（3）特記事項 |

| 特　記　事　項 | ①目的土地の路地状先端部分が僅かに近隣商業地域（建蔽率80％、容積率200％）にかかっている可能性がある。

②北東側未舗装市道は建築基準法第42条2項道路であり、目的土地は接面道路の中心から2mのセットバックが必要となる。

③上水道は鴻巣市水道課の水道配管図によれば目的物件の南西側の他人地を経由して引き込みがなされている。また南西側及び南側の隣接地と共有管になっている模様。詳細は鴻巣市水道課で確認されたい。

④現地での実測と債務者兼所有者が提示した図面（現況調査報告書の写真⑥参照）によれば、目的土地の路上状敷地の幅は、法務局備え付けの地積測量図の記載と異なり2m満たない可能性がある。評価に当たっては建築不可の可能性も考慮するが、正確には測量を要する。 |

（出所）981.jp

　土地に制限いっぱいの大きな共同住宅を建てればメリットとなります。

　当該物件の場合は以下のように計算されます（図表5－8の物件目録参照）。

　建ぺい率（建物の敷地に対する建物の割合）は $34.78 \div 76.34 \times 100\% = 45.5\%$ となり容積率（敷地に対する建物の総面積）は $65.41 \div 76.34 \times 100\% = 85.7\%$ となって両方とも条件をクリアしているので問題はありません。

③供給処理施設

　ガス配管が来ていないのでプロパンガス対応と想定できます。

④特記事項

　特記事項（図表5－15）は重要な瑕疵が記載されていることもあるため精読することが求められます。特に問題なのは③でみるように水道管が他人地を経由しているということで，水道管を引き直さなければならない可能性があることです。水道管を引き直すとしたら百万単位の予算が必要になることもあります。④の接道に関しても2mに満たない可能性があるので再建築が不可となり将来に物件を販売できない可能性があります。

| 図表5−16 | 評価書（4）築年・材料等 |

区　　　分	主である建物
建築時期及び経済的残存耐用年数等	建築年月日（登記記載）：平成2年11月14日新築 経　過　年　数：約30年 経済的残存耐用年数：一
仕　　　様	構　造：木造 屋　根：セメント瓦葺 外　壁：モルタル、その他 内　壁：クロス貼り、その他 天　井：クロス貼り、その他 床　：フローリング、畳、その他 設　備：電気、ガス、給排水等 その他：特になし ※アスベストの存否は不明
床面積（現況）	前記第3目的物件欄のとおり
現況用途等	前記第3目的物件欄のとおり
品　　　等	使用資材：普通 施　工：普通
保守管理の状態	普通（但し、全体的に老朽化している）
建物の利用状況	所有者が居宅として利用している。
特　記　事　項	浴室のタイルに亀裂がある。

（出所）981.jp

物件番号	標準画地価格 （円/㎡） ア	個別格差 イ	地　積 （㎡） ウ	建付減価 エ	建付地価格 （円） ア×イ×ウ×エ
1	71,100	0.63	59.36	0.90	2,390,000
2	71,100	0.63	14.78	0.90	600,000
3	71,100	0.63	2.20	0.90	90,000

図表5－17　評価書（5）土地の評価額の算出

※計算表における計算結果である総額（円）については，原則として万円未満を四捨五入とし，総額が万円未満の場合は，千円未満を四捨五入とする（以下同じ）。

（出所）981.jp

【2】建物の概況及び利用状況等

　図表5－16では築年（経過年数），材料などを確認します。この図表で示した建造物は平成の建物なので水回りの陳腐化は少ないと思われます。経年30年は近辺の貸家と比べても一番新しい部類に属します。ここでも特記事項には要注意です。浴室のタイルの亀裂が原因で建物に水が浸入し土台が朽ちている可能性があります。

【3】評価額算出の過程

①土地

　評価額算出の過程には土地（図表5－17）と建物の価格の計算根拠（図表5－18）が示されています。その計算根拠として1㎡あたりの公示価格に地積が掛けられ，さらに個別格差（イ）の0.63と建付減価（エ）の0.9が掛けられています。0.63の個別格差は例えば水道管の他人地経由・セットバックなどを理由とします。また（エ）の0.9は建物と敷地の適応状態を理由としています。上記総額にさらに競売市場修正0.6が掛けられ土地価格が200万円となっています。

②建物

　建物に関しては再調達原価を1平方メートル15万円で計算し，それに地積

物件番号	再調達原価 （円/㎡） ア	現況延床面積 （㎡） イ	現価率 ウ	建物価格 （円） ア×イ×ウ
4	150,000	65.41	0.05	490,000

図表5−18　評価書（6）建物の評価額の算出

ウ　原価率：建物の現況及び市場性並びに前記特記事項等を考慮して査定した。
（出所）981.jp

を掛け，そこから5％をさらに掛けて算出しています。いずれにせよ市場価格より大幅に割り引いた価格で基準価格が設定されていることがわかりました。

【ケーススタディ】

　筆者は2021年春に981.jpから松戸市五香に比較的新しい丈夫そうな物件を発見し競売に参加しました。鉄道駅に近接している区分マンションで売却基準価格は¥8,950,000です。2002年11月竣工で総戸数57戸の鉄筋コンクリート6階建ての分譲マンションの1階部分です。13.5㎡の専用庭もあります。駅から3分のところにあり，都心へのアクセスも良い物件だと確信しました。ちなみに都市圏の賃貸では駅から徒歩圏にあるものが圧倒的に望まれています。新京成で松戸駅まで13分で松戸駅から東京駅までは30分で着きます。共同住宅（アパートやマンション）を購入する場合注意しなくてはならない点は総戸数が最低30戸は必要なことです。10戸くらいの規模だと管理費・修繕費が不払いの住民がいた場合，エレベーターなど共有部分の管理がおろそかになるからです。エレベーター1基あればメンテナンスと電気代で月10万円ほどの出費が必要になります。不払者がいることで費用が捻出できなくなる可能性があります。また大規模修繕は別途費用がかかります。共有部分の管理に必要な費用を払い続けるにはそれなりの戸数が必要です。それが30戸というレベルです。また建物は古くても1981年以降の竣工であるというのも重要です。1981年6月から新耐震基準法が施行され「震度5強程度の中規模地震では軽微な損傷，震度6から7に達する程度の大規模地震でも倒壊は免れる」という基準です。大規模な建物では申請が下りてから竣工まで1年程度かかります。1983年竣

工以降の建物が目安ですが基準を確実に満たしているか微妙な場合には確認が必要です。阪神・淡路の大震災でも倒壊を免れた建物は新耐震基準法の施行後の建物であったということは忘れてはならない点です。

　共同住宅の競売購入では滞納管理費・修繕積立金の滞納に注意が必要です。滞納金は競売物件購入者が支払うことになるからです。商事債権（滞納管理費・修繕積立金）の短期消滅時効は上限5年ですが，また，時効の中断の手続きがされている場合はその分の支払いを請求されます。入念なチェックが必要です。支払わないとの主張に対しては，マンションの管理組合と対立する可能性も予想されるので購入は控えておくことが無難です。

　管理費・修繕費は期待家賃（月額）の30％以下が基準です。管理費と修繕積立金が30％を超えていることは賃貸需要が低く高い家賃が期待できないということです。筆者が競売に参加した物件では図表5－19のように管理費・修繕費は29,600円であり，周辺不動産屋で見積もってもらった期待家賃8万円の36％に当たります。また滞納金は588,394円もあります。

図表5－19　管理費等の状況

建物	物件1	
種類，構造及び床面積の概略	■公簿上の記載とほぼ同一である □公簿上の記載と次の点が異なる（□主たる建物　□附属建物） 　　□種　類： 　　□構　造： 　　□床面積：	
物件目録にない附属建物	■ない □ある　┬種　類： 　　　　├構　造： 　　　　└床面積：	
占有者及び占有状況	■建物所有者　　□その他の者 上記の者が本建物を居宅(空き家)として使用している □「占有者及び占有権原」のとおり	
管理費等の状況	■以下のとおり（月額） 管理費　10,900円 修繕積立金　18,100円 専用庭使用料　600円 合計　29,600円	令和2年10月18日現在 □滞納はない ■滞納がある　31年2月分～2年10月分 　　　　計588,394円 上記金員に対する年14.6％の割合による遅延損害金72,504円（上記同日現在）

（出所）981.jp

さて共同住宅の競売への参加は初めてだったので業者に落札の依頼をしました。手数料は競落できた場合のみ発生するシステムで落札価格の3％です。現地調査から入札,落札後の占有者の明渡しまで責任を持ってくれます。981.jpで物件をクリックしていくと問い合わせのタグが出て

図表5－20　競売不動産取扱店

きます。そこをクリックすると物件の担当の不動産会社から連絡が入るシステムです。千葉市にあるシエルブルーLLC合同会社からメールをいただきました。入札期間が3日しか残っていなかったのでオフィスに入るとまず入札額の提案をいただき,さらに保証金の振り込みのための用紙（裁判所に保管金を送金）,図表5－21を記入しました。

　通常入札を行うためには入札書類が必要です。入札書類には以下のものが含まれます。

　①入札書,②振込依頼書,③入札保証金振込証明書,④添付書類（個人の場

図表5－21　振込依頼書

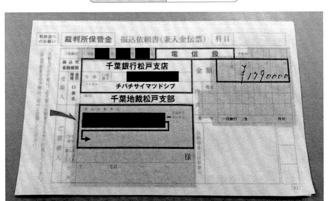

図表5－22　　入札保証金振込証明書

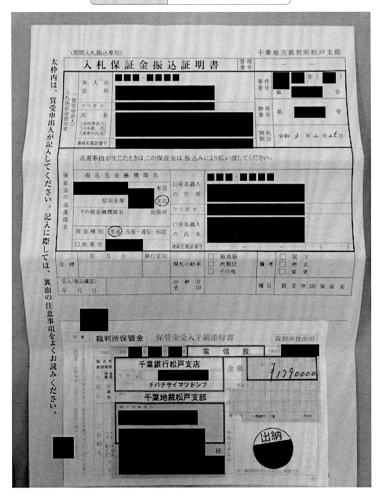

合は住民票，法人の場合は代表者事項証明書又は登記事項証明書），⑤陳述書になります。私の場合は業者に任せましたが入札書類を入手する方法は通常裁判所を訪問するか，裁判所へ返信用の封筒を入れて郵送し，裁判所から送ってもらう方法になります。入手した裁判所の書類はほかの支部では使用できないことに注意が必要です。地裁指定の銀行口座の下に事件番号を表記し売却基準価格の

20％の金額である 179 万円を千葉地裁松戸支部の口座に振り込みました。（期間入札では一定の入札期間に入札者を募りますが売却基準価格の 20％の保証金を支払います。筆者の場合，物件の売却基準価格が¥8,950,000 でした。その 20％の¥1,790,000 が保証金になります。）保証金は落札できなかった場合返還されます。保証金を振り込んだ後，振込依頼書を記入すると複写される保管金受入手続添付書に金融機関から押印をもらい「入札保証金振込証明書」（図表 5 – 22）に貼り付けます。競落できなかった場合，振り込んだ金額が返還される口座を指定するのが「入札保証金振込証明書」です。

　さらに反社会勢力の人間ではないという「陳述書」を記載します。最後に入札書を書き込みます。この段階で重要なのが入札額をいくらにするかです。入札は売却基準価格の 80％から可能ですので 716 万円から可能となります。さて入札額の決定に際し本領を発揮するのがサポート不動産会社です。過去に当該物件が売買された情報を見せていただきました。当該マンションの 7 件の売買記録があり，最近のものは 3 件ありました。一番近いものが令和 1 年 9 月で 1,650 万円，その前が平成 28 年 12 月で 2,200 万円，同年 5 月で 1,880 万円です。競売を利用するのは住居を購入しようとする人よりもむしろ不動産売買を専門にする業者が多いので競売は彼等との金銭の競り合いとのことでした。

　令和元年 1 月の売却価格を基準にして入札価格を決めると図表 5 – 23 のように決定されました。まず債務者にはマンション共有部分に関する滞納金（管理費・修繕積立金）が 85 万円ほどあります。それに不動産取得のための税金が必要です。すぐ入居できるように床の張替えや壁紙の張替えなどのリフォーム費用。ハウスクリーニング費用などが発生します。購入した物件を販売するには中古住宅販売のためのサイ

図表 5 – 23	論理的な入札予想額

売却予定額　　　　単位；万円

【費用】	
滞納金	85
不動産取得税	
登録免許証	30
ハウスクリーニング	10
リフォーム	30
固定資産税	10
仲介手数料	70
年間管理費	36
費用合計	271
利益	200
入札価格	1179

トに掲載するための仲介手数料が70万円ほどかかりますし，販売するまでに1年間かかるとしたら固定資産税やマンションの管理組合に支払う管理費を見積もらねばなりません。これらの費用を合計すると図表5−23のように約271万円になります。それらを差し引いてさらに業者の利益を200万円と想定

図表5−24　入札書

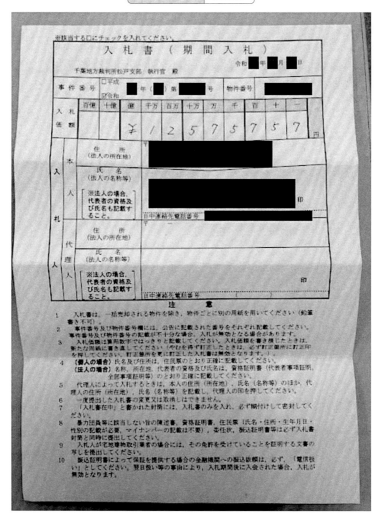

し合計 471 万円を差し引き入札額は 1,179 万円前後と予測しました。物件を確実に落とせるように筆者はこの価格に 50 万円程度付けたし 1,257 万円程度に入札価格を決定しました。入札予想額から逆算する方法は図表 5 - 3 「競売物件の購入条件」で示した式，つまり【入札価格＝（年間賃料× NOI 比率）× 12 ×表面利回り－リフォーム費用－諸経費】とは異なります。業者と競合する転売用の物件（築 20 年以内）の入札額の求め方は図表 5 - 23 のようにより詳細な計算が必要です。最後に区切りのいい 1,257 万で終わると同額で競売を逃すことがあるそうなので 12,575,757 円と円単位まで記載して終了しました。さて結果は 1,450 万円の落札価格でいずれにせよ遠く及びませんでした。

第6章

部屋の間取りと設備

　この章ではニーズのある間取り，施設についてみていきます。賃借する人の約4割が単身者，5割がカップルか未就学児のいるファミリーなので60㎡くらいまでの物件で9割の賃貸ニーズは充足できます。そこでこの層にふさわしい物件についてみていきます。また日本には高度成長期やバブル期に建てられた陳腐な間取りや，極小の物件が多数存在するため，これらを広めの1LDKに変える時代のニーズに合った物件にするリノベーションについてみていきます。

6−1．賃貸記号の定義

　賃貸物件の対象者は学生，夫婦＋未就学児童，独身者，シニアといった顧客層になります。特に晩婚や非婚化，離婚などでの独身世帯を対象にした賃貸物件のニーズが上昇しています。経験を経て感性の高まった大人の独居世帯へのニーズは今後いっそう高まってきます。賃貸のターゲット層は大人2人，子供1人までが大多数を占めるため間取りは1R，1K，1DK，1LDK，2DK，2LDKが中心です。しかし，昨今のコロナ禍をふまえ，オフィス機能を賃貸物件に追加すると3LDKもその範疇に入ってくることも考えられます。それぞれの間取り区分については以下のようになります。

広さの単位：1畳＝182 cm×91 cm（約1.66㎡）　1坪（2畳）≒3.3 ㎡
1R・・・1部屋にキッチンと居室が分かれずに存在しているもの。

1K，1DK，1LDK・・・居室とキッチンが分かれて存在しているもの。3つの違いはキッチンとそれに連続するダイニングおよびリビングエリアの面積

の違いによるものです。キッチンを含むエリアが 4.5 畳（7.47 ㎡）未満のものを 1 K，キッチンを含むエリアが 4.5 畳〜8 畳（7.47〜13.28 ㎡）未満のものを 1 DK と呼び，8 畳以上のものを 1 LDK と呼んでいます。

2 DK・・・4.5 畳〜8 畳（7.47〜13.28 ㎡）のキッチンの他に 2 部屋あるものを指します。キッチンが付随した 6 畳（9.96 ㎡）ほどのダイニングがあってもそこで余裕を持って食事を摂るスペースがないことがこの間取りの問題点です。主流の間取りは 2 LDK ということになります。

2 LDK・・・8 畳（13.28 ㎡）以上あるキッチンスペースに加え独立した部屋が 2 部屋あるもの。寝室と子供部屋，カップルで住んで，一部屋をテレワークに利用するなどが考えられます。

3 LDK・・・8 畳（13.28 ㎡）以上あるキッチンスペースに加え独立した部屋が 3 部屋あるもの。寝室と子供部屋，テレワーク用の部屋などの利用が考えられます。

６−２．部屋の間取り

【1】 1人用住戸

　バブル期（1980 年代後半から 1990 年代初頭）には 15〜16 ㎡規模の 1 ルーム賃貸物件が大量に供給されました。バブル期には不動産価格は上がり続けるという神話が生まれ，多くのにわか投資家が生まれたので，彼らにも投資可能な狭い物件が数多く作られました。この時代の物件は今日でも提供されていますが，しかし現在では金銭的な余裕のない学生でさえそのような物件は選択しなくなってきています。特にビジネスホテルのユニットバスルームでおなじみの 3 点セット（バスルームの中にトイレと洗面所が一体化したもの）を有した物件は苦戦を強いられています。シャワーを浴びているとき友人がトイレを使いたくなる，浴室の湿気でタオルやロールが湿ってしまうなど問題が多いからです。このほかバランス釜風呂（浴槽の横に給湯器が設置され点火に熟練が必要なも

の）や洗濯機置き場のスペースが室内にないといった物件の評価は極端に落ちます。ベランダの洗濯機は騒音が問題になるし，寒空の下での洗濯も厳しいからです。

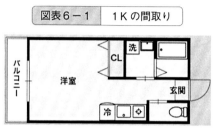

図表6－1　1Kの間取り

（出所）ホームメイト。

　図表6－1はスタンダードな間取りの1Kの物件です。玄関を入って廊下があるので居住スペースが玄関から直接のぞき見されることはありません。居住スペースとキッチンの間にのれんなどを設置すれば客人が訪れている際も姿を見られることはありません。

図表6－2　ロフトのあるワンルーム

（出所）東京アパート。

　つぎに見ていくのは図表6－2のロフトのあるワンルームです。建築基準法でロフトは部屋の面積の居室部分の2分の1未満，天井までの高さが最大で1.4mまでのスペースで床面積とは合算されない小屋裏物置等と定義されます。つまり部屋の一部分に中二階を設けた構造となります。ロフトが付いていると

寝室代わりとしても用いることが可能なので居住スペースの限られたワンルームでも1DKとして機能します。しかし欠点もあります。ロフトのスペースは上階の床との間が狭いので，最上階にある部屋でなければ上階の住人の足音や生活音が直に響いてきます。また最上階の部屋では特に上部に熱気がたまるので夏には冷房の涼しい空気をロフトまで送風するためにサーキュレーターが必要になります。またロフトのある部屋は天井が高いので冬は上昇した暖気を下げるため同様にサーキュレーターを使う必要があります。このようにして空気を循環させることで部屋の温度を一定に保ちます。

　ロフトへの階段ははしごを上るように急なので昇降時に落下して怪我をする人が多くいます。飲酒や喫煙の多い人，トイレの近い人，高齢者にとってははしごの昇降は不便で危険を伴います。これらの問題を解決するためロフトへのアクセス階段を設置し，階段下を収納スペースにしたアパートが人気を博しています。

【2】カップル，ヤングファミリー向け住戸

①ハーフリビング型

　2LDKで最もよく目にする間取りがハーフリビング型（図表6-3）です。バルコニー側にリビングと寝室が配置された形で，両方の部屋ともバルコニーに面しているため採光がよくとれるスタイルになっています。通路側の部屋は玄関から近く，プライバシー性も高いためテレワークなどにも利用が可能でしょう。

②フルリビング型

　図表6-4はフルリビング型と呼ばれる間取りです。分譲マンションでよく見られるスタイルです。賃貸

図表6-3	ハーフリビング型

（出所）ルームクリップ。

アパートでもこの間取りはよく見られます。
フルサイズの居室を2つ持ち子供部屋も確保
できます。バルコニーに面した側をLDKが
すべて占めているため，家族全員で過ごす時
間を重視したレイアウトになります。またバ
ルコニー側の部屋に引き戸などを用いること
でLDKと一体化し，採光の良い居住空間に
することが可能になります。

③寝室重視型

　図表6-5は寝室重視型の間取りです。寝
室がバルコニー側を占有しているため，それ
ぞれの居室での生活を重視した設計となりま
す。共同通路側にダイニングがあるため家族
はみなリビングダイニングを経由して部屋に
戻ります。そのため家族の存在が明らかにな
りコミュニケーションが働きやすいスタイル
になります。小規模な賃貸アパートなどによ
くみられるパターンになります。

④メゾネット型

　図表6-6はメゾネット型の住戸で語源は
フランス語で小さな家を意味します。住戸内
に階段がある2階建てのスタイルです。1階
にLDKが来て，2階に2室ある建物が一般
的です。お客様の多い家庭では2階のプライ
ベートスペースと1階のパブリックスペース
とを分離して使うことが可能です。また2階
と1階は同一の住戸なので，子供がさわいで

図表6-4　フルリビング型

（出所）ホームズ。

図表6-5　寝室重視型

（出所）ホームズ。

図表6-6　メゾネット型

（出所）ホームズ。

も下階の住戸に対して気兼ねなく生活できます。2階と1階の昇降部分を吹き抜けにして採光を取り入れる，螺旋階段にして印象的な建物にするなどデザイナーズマンションで多く見られるような空間を演出することも可能です。

6−3. リノベーション

　リノベーションとは既存の住戸を新たなライフスタイルに合わせるため，あるいは新たな住人のニーズに対応するため間取りや機能を刷新することをいいます。例えばコロナ禍の中で，テレワークをする住民が増加しています。家の中で過ごす時間が長くなり住居には仕事に集中できるスペースや，リラックスできる空間が求められるようになりました。このような新たなニーズに対応するためリノベーションを行う賃貸経営者が多くいます。ここでは1980年代や90年代に作られた狭い間取りの物件をリノベーションして新たなマーケットである，大人のシングルの人たちの感性に堪えうる物件への転換について考察します。学生や社会人になり立ての若者ならば狭くても安い物件を好みます。しかし，近年男性では一生独身で過ごす人が3割を超える時代が足元に迫りつつあり，晩婚，離婚，非婚化はさらに深化しています。このような時代では独居世帯は世代に関係なく増加してきています。長く生きていればそれだけ身の回りの品も増えます。大型テレビや冷蔵庫，ソファやPCコーナーなど，より多くのものを置けるスペースが必要になっています。また社会人であればスーツやコートやワイシャツ，普段着など多くの衣類を所有しているためウォークインクローゼットも必要です。これに加え収納スペースも最低2畳分は欲しいというニーズが大半を占めるなど賃貸物件に求められる内容もより高度になってきています。そのためかつて中心的な間取りであった2DKを1LDKにリフォームしてより広い空間で余裕を持って生活してもらうリフォームがなされています。3割を超えるシングル層に対しては20㎡から25㎡の1Rや1Kでは足りず，30㎡〜50㎡のゆとりのある住居が求められます。寝室に加え30㎡ほどのLDKがあれば非常にゆとりのある生活が得られます。そこで例えば50㎡ほどの2DKの住戸を寝室15㎡，LDK30㎡，収納5㎡の1LDKの住戸に転換するなどのリノベーションをすれば新たな顧客層を取り込むことが可能

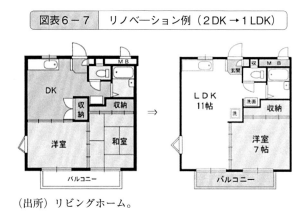

図表 6 − 7　リノベーション例（2 DK → 1 LDK）

（出所）リビングホーム。

になります。

　戦後日本の主流となった集合住宅は日本住宅公団が 1951 年に発表しその後の集合住宅のプロトタイプとなった 2 DK のスタイルです。例えば図表 6 − 7 の左側の図表は和室 6 畳，洋室 6 畳の典型的な 2 DK ですがこれを 1 人用の 1 LDK にリノベーションして 1 人で余裕を持って暮らしてもらおうというのが右側の図表です。仕切られていない大きなスペースがあることで大型テレビ，大型冷蔵庫，パソコンコーナー，ソファなどが収納できるようになります。寝室とは別の大きな空間があることで精神的にゆとりを持った生活が可能になります。

　ところで 2 LDK で脚光を浴びているのは DEN という 2.5 畳から 4.5 畳ある書斎を組み込んだ間取りです。このような間取りはコロナ禍の中でテレワークに大いに活用することができます。テレワークスペースは広すぎずある程度の大きさを保っていたほうが効率的で精神的に集中できるそうです（図表 6 − 8）。さ

図表 6 − 8　DEN のある 2 LDK

（出所）at home

らに家の中にバルコニーや屋上などの外気と接することのできるスペースについての需要も高まっています。図表6-8は主婦の生活動線を考慮して考えた間取りで食事の支度と洗濯といった毎日の活動を効率よく済ますことができるよう設計されたものです。LDKのスペースで日差しのある生活を楽しめるエリアはエアコンの室外機置き場と化していたバルコニーを楽しむ空間にすることで単調になりがちなホームライフを充実させるものとなります。

図表6-9	付いていて当たり前・付いていない家は借りないと思う設備・仕様

1	バス・トイレ別	63.8%
2	エアコン	61.7%
3	クローゼット	43.7%
4	フローリング	36.7%
5	2階以上	34.7%
6	独立洗面台	33.3%
7	TVモニター付きインターホン	29.6%
8	コンロ2口以上	25.7%
9	マンション(鉄筋コンクリート構造)	24.3%
10	ガスコンロ付きキッチン	23.5%
11	オートロック	22.3%
12	バルコニー	22.1%
13	洗浄機能付き便座	19.9%
14	エレベーター	16.7%
15	宅配ボックス	15.5%

（出所）スーモ　住まいの設備ランキング 2021。

6-4．部屋の施設

　不動産検索サイト最大手の「スーモ」によると図表6-9のように 2021 年に最も必要とされている賃貸物件の設備は１．トイレ・バスが別であること，２．エアコンが付いていること，３．クローゼットがあることでこれらは常に変わらぬ不動の３要素とのことです。トイレ・バス・洗面台を同じ場所に設置するというのは狭い賃貸物件では不可避であった共通スタイルです。しかし今のニーズに合わすためにはバス，トイレ，独立洗面台を別々に設置するための大規模なリフォームが必要です。これが不可能な極小物件などは市場から撤退せざるを得ません。さらに２のエアコンが付いていること，３のクローゼットがあることが今では絶対条件になっています。このほか４．フローリング貼りであること，５．２階以上にあることを合わせた上位５位までの順位は 2017 年から不動です。この他７位の TV モニター付きインターホンと８位のコンロ２口以上などが上位にあります。これらは比較的廉価に取り入れられるものなので積極的に取り入れる必要があります。

　住む人が 1 人暮らしでもファミ
リーでも「なくて後悔した設備」の
1 番目として挙げられたのは図表 6
- 10 に掲げた宅配 BOX です。コ
ロナ禍で在宅時間が増えたためネッ
ト通販へのニーズが高まっていま
す。宅配 BOX は戸数の 20 ～ 30 %
でもよいと言われていますが，非接
触のため自宅滞在中に配達に来ても
宅配 BOX に入れてほしいという要
望も多いため不足するケースがある
ようです。より多く設置する必要が
あります。また自宅にいる分，水道
光熱費も多くかかるため，追い炊き
機能などのニーズ，自宅での食事の
準備のためコンロ 2 個以上必要であ
るなど在宅勤務のニーズが高まって
います。TV モニター付きインター
ホンなどの防犯への意識も継続して
高い状態にあります。インターネッ
ト設備については Wi-Fi によるイン
ターネット無料があたりまえになっ
ているためランキングには含まれて
いませんがコロナ禍によって社会人
のテレワーク，学生のオンライン講
義などで通信速度の問題という新た
な課題に対応する必要が出てきてい
ます。
　「家賃が高くなるならなくてもい

図表 6 - 10	「付いていなくて後悔した」と思う設備・仕様

1	宅配ボックス	18.7%
2	追い焚き機能	17.0%
3	その他	12.9%
4	コンロ 2 口以上	11.2%
5	独立洗面台	9.0%
6	浴室乾燥機	8.7%
7	TVモニター付きインターホン	8.5%
8	南向き	7.5%
9	オートロック	7.3%
10	洗浄機能付き便座	7.0%
11	床暖房	6.8%
12	マンション(鉄筋コンクリート構造)	6.3%
13	エレベーター	6.1%
14	クローゼット	5.6%
15	新築	5.1%

（出所）スーモ　住まいの設備ランキング 2021。

図表 6 - 11	家を借りるときに「家賃が高くなるなら，なくてもいい」と思う設備・仕様

1	床暖房	46.6%
2	浄水器	40.3%
3	新築	39.1%
3	床下収納	39.1%
3	管理人さんがいる	39.1%
6	IHクッキングヒーターのキッチン	36.9%
7	オートロック	33.5%
8	追い焚き機能	33.3%
9	浴室乾燥機	31.8%
10	防犯カメラ	31.6%
11	エレベーター	30.6%
12	洗浄機能付き便座	28.9%
13	宅配ボックス	27.4%
14	南向き	23.8%
15	バルコニー	23.1%

（出所）スーモ　住まいの設備ランキング 2021。

い」（図表6－11）ものについては床暖房，浄水器，新築，床下収納，管理人さんがいるという5項目で上位5番目までを占めています。日本にはスクラップ＆ビルドと呼ばれる文化があり，長期にわたって物件を維持していく欧米などと対極にあると言われますが，借りる人の立場からみるとそれほど新築に対するこだわりはあまり強くないということがわかります。リーゾナブルな価格で賃貸でき，必要な設備が整っていれば築古でもさほど気にする人はいないということになります。そうであるならば，古くなった物件をメンテナンスし時代のニーズに合った物件に常に変えていくリノベーションが重要だということになります。

───── 第 7 章 ─────
不動産に関する税務

　不動産ビジネスは税金との闘いと言われています。不動産は経年劣化していくのでリフォーム費用を積み立てていかなくてはなりません。余裕資金を得るためには少しでも有利な税制を理解し，選択することが必要になります。この章では異なる企業形態の選択，有利な減価償却費，開業後に行う手続き，相続税，贈与税など不動産経営に必須な税の知識を身につけることを目的とします。

7－1．収入によって異なる企業形態の選択

　不動産所得から支払う税で一番大きい支出は所得税と住民税とになります。所得税は国に支払う税金で超過累進税率が適用されます。超過累進税率の下では所得の多い人ほど多くの税金を支払わなければなりません。そこで所得の多い人は法人を設立したほうが有利になることがあります。一方，住民税は県や市に支払う地方税で，所得にかかわらず定率で課税がなされます。現在のところ課税所得の10％が徴収されています。これを区市町村と都道府県でそれぞれ6％と4％に割り振ります。これに均等割りをそれぞれに加えますが，均等割りは区市町村が1,500円，都道府県が3,500円と少額です。

図表７－１	超過累進税率

所得税の速算表

課税される所得金額	税率	控除額
1,000円から1,949,000円まで	5%	0円
1,950,000円から3,299,000円まで	10%	97,500円
3,300,000円から6,949,000円まで	20%	427,500円
6,950,000円から8,999,000円まで	23%	636,000円
9,000,000円から17,999,000円まで	33%	1,536,000円
18,000,000円から39,999,000円まで	40%	2,796,000円
40,000,000円以上	45%	4,796,000円

（出所）国税庁ホームページ。

図表７－２	住民税（所得割）

税率	（内訳）	
10%	市町村（区民）税	6%
	同府官民（都民）税	4%

図表７－３	住民税（均等割り）

市町村民（区民）税	1,500円
同府官民（都民）税	3,500円

　それでは不動産賃貸業を個人事業と法人事業でそれぞれ開業した例をみていくことで，収入によってどちらの形態が有利になるのかをみてみましょう（金額の少ない均等割りは入れないで計算します）。

図表７－４	人によってキャッシュフローが変化する【単位：万円】

A

	ビジネス開始前	ビジネス開始前
年間課税所得	400	700
税金（所得税＋地方税）	77.25	167.4
キャッシュフロー	322.75	532.6

B

ビジネス開始前	ビジネス開始前
1,600	1,900
534.4	670.4
1065.6	1,229.6

+210

+164

新たなビジネスを始める場合は収入が少ない人のほうがキャッシュフローが大きくなる。

　まず人によってキャッシュフローが変化するケースについてAとBの２人の例を挙げてみます。年間課税所得が400万円のAと年間課税所得が1,600万円のBの２人がそれぞれ新たに課税所得300万円を得られる不動産賃貸業を開業するとします。Aは400万円と新たに300万円の収入を足して課税所得は700

万円となります。700 万円の所得税と住民税を足した税率は図表 7 - 1 から 23 ％＋住民税 10 ％とわかりますので 700 万円× 0.33 ＝ 231 万円。ここから 63.6 万円を控除した額，167.4 万円が所得税及び住民税になります。キャッシュフローは 700 - 167.4 ＝ 532.6 万円となります。以前の所得は 400 - 77.25 万円の 322.75 万円だったのでこの投資によって増えた所得は 532.6 - 322.75 ＝ 209.85 万円（約 210 万円）となります。

　次に年間課税所得が 1,600 万円である B が 300 万円の新たな課税所得を得るケースです。この場合新たな課税所得は 1,900 万円となります。税率は 50 ％ですので 1,900 × 0.5。控除額が 279.6 万円なので支払い税額は 950 - 279.6 ＝ 670.4 万円となります。1,900 万円から税額 670.4 万円を引いて 1,229.6 万円が利益になります。新たな事業を始める前の収入は 1,065.6 万円（税額 1,600 × 0.43 - 153.6 ＝ 534.4 万円，所得 1,600 - 534.4 ＝ 1,065.6 万円）だったので収入の増額は 164 万円しかありません。所得が 400 万円だった人と比較すると収益の差は 209.85 - 164 ＝ 45.85 万円もあります。

　B のようにもともと収益が多い人は税の負担が重くのしかかります。そこで収益が多い人が利益を増やすために法人企業を設立する方法があります。法人企業を設立した場合，B は社長になるので役員報酬を得ることができます。役員報酬は税法上においては給与所得となります。試しに 1,900 万円を役員報酬

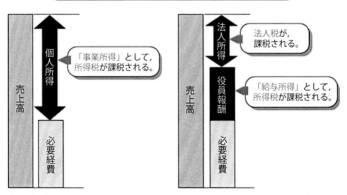

図表 7 - 5　法人の設立で異なる税形態（1）

（出所）税理士法人ゼニックスコンサルティング　村形公認会計事務所。

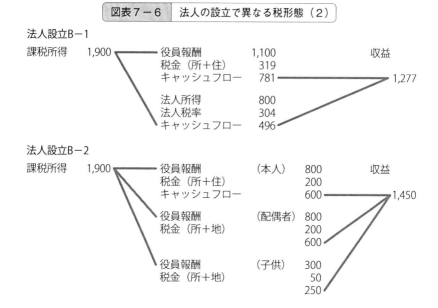

図表７－６　法人の設立で異なる税形態（２）

法人設立B－1

課税所得	1,900	役員報酬		1,100	収益
		税金（所＋住）		319	
		キャッシュフロー		781	1,277
		法人所得		800	
		法人税率		304	
		キャッシュフロー		496	

法人設立B－2

課税所得	1,900	役員報酬	（本人）	800	収益
		税金（所＋住）		200	
		キャッシュフロー		600	1,450
		役員報酬	（配偶者）	800	
		税金（所＋地）		200	
				600	
		役員報酬	（子供）	300	
		税金（所＋地）		50	
				250	

と法人所得に分割してみます。1,100万円を給与所得，残りの800万円を法人所得としてみましょう。

図表７－６の（法人設立B－1）を見てください。

給与所得の1,100万円からの所得税・住民税の負担率は合計43%，控除額は153.6万円（1,100 × 0.43 － 153.6 = 319.4万円）となります。法人税率は23.2%ですが，資本金が1億円以下の中小法人については800万円以下の所得部分については15%と決められています。しかし法人税に関しても地方税（都道府県法人地方税，法人市民税，事業税）がかかるので法人所得税と合計すると36%から38%ほどになります。仮に法人税が38%とすると800万円× 38% = 304万円となります。しかし法人を設立することで収入は1,276.6万円となり47万円多く利益が生まれます。法人所得として積み立てた内部留保は新たなプロジェクトの原資とすることもできますし役員賞与として支払うことや退職金として積み立てておくことも可能です。

また法人を設立することで家族を雇用し役員報酬を払う方法もあります（図表７－６，法人設立B－2）。例えば1,900万円の課税所得を本人（800万円）配

偶者（800 万円）と子供（300 万円）に役員報酬として割り振ることもでき，そうすれば本人（800 × 0.33 − 63.6 = 200.4 万円），配偶者（800 × 0.33 − 63.6 = 200.4 万円），子供（300 × 0.2 − 9.75 = 50.25 万円）となり，所得税と住民税を合わせると支払合計額は 451.05 万円となり約 1,450 万円の利益を得ることができます。このように収入の多寡によってどのような企業形態を選択するのが有利か考える必要があります。企業は法人税率が安い国や地域に進出していきます。海外の国や地域との企業誘致合戦が今後も進展するとこれからも法人税率が低下していくことも考えられます。

7−2．建物の構造と耐用年数

　賃貸経営を考える際欠かせないのが建物の構造と耐用年数を考慮することです。なぜなら年度あたりの減価償却費が多ければ，それだけ収益が減少し課税額が少なくなるからです。逆に年度あたりの減価償却費が少なければ，収益が増加し節税効果は減少します。

| 図表7−7 | 建物の構造と耐用年数 |

建物の構造	耐用年数（年）	建築単価目安（万円）㎡あたり
木造（W造）	22	17
鉄筋造（S造）	34	23
鉄筋コンクリート造（RC造）	47	24
鉄骨鉄筋コンクリート造（SRC造）	47	27

　2章でも見ましたが（図表2−20）木造の建物の償却期間は 22 年，鉄骨造の建物の償却期間は 34 年，鉄筋コンクリート造・鉄骨鉄筋コンクリート造の建物の償却期間はそれぞれ 47 年です。木造の建物，鉄骨の建物，鉄筋コンクリート，鉄骨鉄筋コンクリートの建物の償却率と 1 億円をそれぞれの建築物に投資した際の減価償却費は次のようになります。

| 図表7-8 | 建物の構造によって異なる減価償却費 |

減価償却費率（年間）
木造建物（1÷22）≒0.046
鉄骨（1÷34）≒0.030
鉄筋コンクリート（1÷47）≒0.022

1億円の新築の建物に投資した場合の減価償却費（年間）
木造　1億円×0.046＝460万円
鉄骨　1億円×0.030＝300万円
鉄筋コンクリート　1億円×0.022＝220万円

　従って同じ1億円の投資であっても，素材の違いによって減価償却費が異なってくるのです。例えば1億円の木造の建物の減価償却費（年間）は460万円ですが，鉄筋コンクリート造の建物の減価償却費（年間）は220万円となります。よって節税効果は木造の建物のほうが大きく，鉄筋コンクリート造の建物のほうが小さくなります。物件を短期間保有し売却する予定ならば木造のほうが節税効果が大きくなり，長期間保有する予定ならば鉄筋コンクリート造のほうが節税効果が継続する期間が長くなります。

中古物件の耐用年数
　耐用年数を消化した建物の減価償却が全くできなくなるわけではありません。耐用年数を消化した建物の償却期間は次の式で計算します。

　法定耐用年数× 0.2

　例えば竣工後50年が経ち償却期間を終了した鉄筋コンクリート造の建物の耐用年数は以下のように計算されます。

　47 × 0.2 ＝ 9.4 年

　法定耐用年数の一部を経過した建物の償却期間の計算には次の式を用います。

　（法定耐用年数－経過年数）＋経過年数× 0.2

例えば築 10 年の木造建物の耐用年数は以下のように計算されます。

$(22 - 10) + 10 \times 0.2 = 14$ 年

7－3．土地と建物の評価額の按分

　土地は減価償却ができず建物は減価償却ができます。そこで土地付きの物件を購入する際に建物の価格がいくらになるかということが重要になります。契約書に土地より建物の値段を高く按分してもらえば建物の減価償却費で納税額を減らすことができるからです。しかし売主が消費税を納める課税事業者（資本金が1,000万超等）であれば売却に対して消費税を納めなくてはならないため，建物の価格を安くしたいわけです。そこで契約前に売主が課税事業者か非課税事業者か不動産仲介業者に確認を取っておく必要があります。非課税事業者であれば買主に有利な按分を依頼できる可能性が高くなります。以下土地と建物の価格の按分方法を3つ見ていくことにします。

１．契約書の消費税の金額から建物の価格を割り出す。

　　契約書に記載された消費税の額は建物に対する消費税のみなので，そこから建物価格を割り出します。例えば物件の価格が5,000万円であり，消費税が300万円であれば，建物価格は300万円 ÷ 0.1 = 3,000万円と算出されます。残りの部分が土地の値段となり5,000万円 − 3,000万円 = 2,000万円となります。

２．固定資産評価額から按分する。

　　物件価格が8,000万円で，固定資産評価額の内訳が建物3,000万円，土地2,000万円だとしたら，その割合で建物と土地に按分します。

図表７－９	建物・土地価格の按分

固定資産税評価額による契約書に記載する
建物・土地価格の按分

建物　$8,000 \times \dfrac{3,000}{(3,000+2,000)} = 4,800万円$

土地　$8,000 \times \dfrac{2,000}{(3,000+2,000)} = 3,200万円$

固定資産評価額とは

不動産所有者には毎年固定資産税納税通知書が送付されますが，それに添付された「課税明細書」に土地の評価額と建物の評価額が記載されています。固定資産評価額は各自治体の担当者が毎年１件ずつ確認して決定します。固定資産評価額は固定資産税，都市計画税，不動産取得税，登録免許税の税額算定の基礎となります。

固定資産税・・・固定資産評価額×1.4％（住宅用地の場合はこの３分の１から６分の１になります）

都市計画税★・・・固定資産評価額×0.4％（住宅用地の場合はこの３分の１から６分の１になります）

登録免許税★★・・・土地（固定資産評価額×２％），居住用家屋（固定資産評価額×２％）

不動産取得税★★★・・土地も建物も固定資産評価額×４％

★　都市計画法による市街地調整区域に土地や家を持っている人に対する税

★★　所有権の移転登記にかかる税

★★★　不動産を取得した者にかかる都道府県の地方税

路線価から資産価格を割り出す（第２章で用いた積算価格の抽出方法）

　固定資産評価額を決定するには建築物が建っている土地の値段を算出する必要があるため国税庁は路線に面する土地の実際にあった取引価格に約80％の加重をかけ路線価を算出します。路線価は道路に値段が付いていて，その値段は道路に面している土地の１㎡あたりの価格を示しています。検索エンジン

（Google など）で「路線価」で検索すると日本全図から探したい都道府県をクリックし次に市区町村，町丁までみていきます。例えば下図は札幌の路線価図の一部分ですが右の太丸で囲まれた大通公園に面した路線価が 1,760 C（数字の部分は千円単位）と記載されており，この通りに面した土地の 1 ㎡あたり単価は 176 万円であることがわかります。土地面積 200 ㎡であれば 3 億 5 千 2 百万円です。

図表 7 － 10　路線価

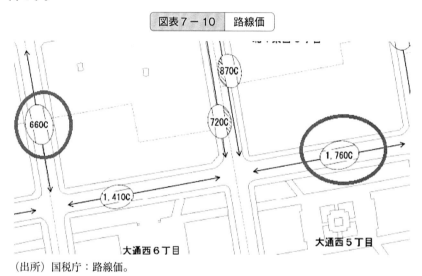

（出所）国税庁：路線価。

図表 7 － 11　建物の構造と耐用年数

建物の構造	耐用年数（年）	建築単価目安（万円）㎡あたり
木造（W造）	22	17
鉄筋造（S造）	34	23
鉄筋コンクリート造（RC造）	47	24
鉄骨鉄筋コンクリート造（SRC造）	47	27

　次に建物価格を計算します。第 2 章で用いた建物価格＝新築単価×延床面積×残年数÷耐用年数の式に当てはめてみると次のようになります。建物の延べ床面積が 1,200 ㎡で築 20 年の鉄骨鉄筋コンクリート造だとすると 27 万円× 1,200 ㎡×（47 － 20）÷ 47 ＝ 18,612 万円となります。この物件が 10 億円で売却されるならば建物と土地の価格は以下で按分するのが適切となります。

$1,000,000,000 \times (18,612 \div (18,612 + 35,200)) = 34,587$ 万円・・建物価格

$1,000,000,000 - 34,587$ 万円 $= 65,413$ 万円・・・土地価格

以上3つの方法を用いて計算しましたが，いずれかの方法で一番建物価格が高いものを交渉の材料とすることが可能です。

7-4．開業後に行う手続き

開業後には次のような書類を税務署に提出する必要があります。

> 1．個人事業の開業・廃業等届出書
> 2．所得税の青色申告承認申請書（任意）
> 3．青色事業専従者給与に関する届出書（任意）
> 4．給与支払い事務所等の開設届出書（任意）

個人事業を始めれば所得が発生するため開業してから1か月以内に個人事業の開業届出書を税務署に提出しなくてはなりません。また青色申告を行うことでメリットを享受することができます。

①青色申告特別控除・・・開始する事業の規模によって青色申告特別控除額は異なります。アパートやマンションの場合は部屋数，戸建ての場合は棟数によって事業的規模に相当するかどうかが決まります。図表7-12はアパートやマンションの部屋数と戸建ての棟数の関係を示したものです。

例えばアパートやマンションの部屋数が10室あれば，戸建ての棟数はゼロでも事業的規模に該当します。しかし，アパートやマンションの部屋数が9室または8室になると，戸建ての棟数が1棟，アパートやマンションの部屋数が7室，または6室になると戸建ての棟数は2棟以上といったように平均化されています。

ところで事業的規模と見なされるかどうかには大きな違いがあります。事業的規模と見なされれば，支払うべき所得税から最大65万円控除されます。もっとも事業的規模と見なされない時でも10万円は控除されます。

　青色特別申告をするメリットはほかにもあります。それは次のような場合です。

図表７－12　賃貸経営の事業的規模

この条件以上を満たしていれば事業的規模

事業的規模

アパートや マンションの部屋数	10室	9室	8室	7室	6室	5室
戸建ての棟数	0室	1室	1室	2室	2室	3室

アパートや マンションの部屋数	4室	3室	2室	1室	0室	
戸建ての棟数	3室	4室	4室	5室	5室	

青色申告をするメリットはほかにもあります。

　①純損失が出た場合。
　純損失が出た場合２者択一ができます。１つが翌年から３年にわたって純損失を純利益から相殺できることです。他の１つが純損失が出た前年度にも青色申告を行っていれば，前年度に支払った所得税から純損失分の還付を受けることができます。
　②事業的規模で操業を行う青色申告事業者は「青色事業専従者給与に関する届出書」を提出することで家族に対し事業専従者給与を相当額支払うことができるようになります。またこの場合従業員の源泉徴収を行う事業者となるので「給与支払事務所等の開設届出書」を提出することが必要になります。

７－５．相　続

　まず相続の全体像を見てもらいたいと思います。相続の対象となるのは現金，預金，有価証券，土地，建物，車，貸付金，絵画・骨董品，生命保険，死亡退職金です。この項ではこの中から主に土地，建物に焦点を当てて相続税対策を見ていくことにします。

図表7－13	相続の対象になる財産

・相続の対象になる財産

現金	預金	有価証券
土地	建物	車
貸付金	絵画・骨董品	生命保険
死亡退職金		

・相続税の対象になる財産

お墓	仏具

・相続財産から差し引けるもの

借入金	葬儀費用	未払金

　ここではベンチマークを使って相続税の具体的な計算方法を見ていくことにします。Nが亡くなったとします。Nには配偶者と子供が1人いたとします。Nは固定資産評価額8,000万円（建物6,000万円，土地2,000万円）の賃貸アパートを経営していたとします。これをどのように相続するかというシミュレーションです。

> **ベンチマーク**
> 収益アパート（全室貸与）
> 固定資産評価額　8,000万円
> 内　訳
> 建物　6,000万円
> 土地　路線価1㎡＝10万円　面積　200㎡
> 10万円×200＝2,000万円

　Nの経営がうまかったためにアパートは満室で全室貸与の状況でした。ところでこのアパートの相続の評価額は固定資産評価額とは異なります。なぜなら日本には借地借家法という法律があり，土地や貸与物件の借主にも権利があるからです。土地を借りている人の権利の割合を借地権割合といい，建物を借りている人の割合を借家権割合といいます。借地権割合は相続する場所によって異なります。路線価図を見ると路線価のあとに記号が記載されています。例えば下図で示された路線図では路線価150のあとにDという記号が入っています

がこれが借地権割合を示しています。割合は地図の枠外の表で確認することができます。借地権割合はDの60％となることが多いようです。また借家権はほとんどが30％となります。建物・土地それぞれの相続評価額を算定するには以下の公式が用いられます。

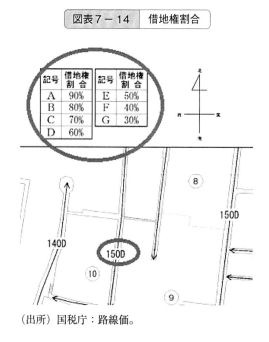

図表7－14　借地権割合

（出所）国税庁：路線価。

①建物の評価方法
固定資産税評価額×（１－借家権割合×賃貸割合）
②土地の評価方法
路線価×地積×（１－借地権割合×借家権割合×賃貸割合）

Nの収益アパートの相続額を算定するために上記の公式に数値をあてはめてみることにします。

①建物の評価額【単位：万円】
6,000 ×（１－0.3×１）＝ 4,200

②土地の評価額

$10 \times 200 \times （1 - 0.6 \times 0.3 \times 1） = 1,640$

　これらを合計して 8,000 万円の固定資産評価額より減額された 5,840 万円が法定相続額となります。ちなみにＮの収益アパートは全室貸与（満室）であったので賃貸割合は 1 （100％）になっています。しかし空室が多く 50％しか賃貸割合がなかった場合を想定すると法定相続額は以下のようになります。

　建物の評価額【単位：万円】

$6,000 \times （1 - 0.3 \times 0.5） = 5,100$

　土地の評価額

$10 \times 200 \times （1 - 0.6 \times 0.3 \times 0.5） = 1,820$

　これらを合計して 6,920 万円となり評価額が 1,080 万円高くなります。その分相続税も多くなるので，相続を考慮しても満室経営は重要な要素であることがわかります。

７－５－１．土地を貸していたケース

　次に建物でなく土地を貸し建物を借り主に建てさせていた場合です。土地はＮが所有していたが，それを第３者であるＨが借り家屋をＨが建てたケースです。そのような場合は土地のみが相続の対象になるので以下の計算式が成り立ちます。

　土地の評価方法は路線価×地積×（1 − 借地権割合×借家権割合×賃貸割合）ですが，借家権割合はＨが 1 （100％）で賃貸割合も 1 （100）となり，6,000 万円×（1 − 0.6 × 1 × 1）=2,400 万円となります。Ｎの相続遺産は土地の値段の 40％のみとなります。

図表7-15	相続における固定資産の評価

1．土地ごとに貸している場合　　2．建物のみ人に貸している場合

建物

H利用所有

H利用 N所有

土地

H賃貸借地権 N所有

N所有

1のケース（土地と建物を貸している）
　Nの土地の（1-0.6）＝40%
2のケース（土地と建物を所有している）
　Nの土地の（1-0.6×0.3）＝82%

7-5-2．相続税の計算

　次に相続税を実際に計算してみましょう。Nの不動産資産が5,840万円で他に2,160万円の預貯金があり全相続財産額が8,000万円だったとします。

> 相続税基礎控除額
>
> 3,000万円＋600万円×法定相続人の数

　相続税には基礎控除額が設定されており，その条件を満たす限り相続税はかかりません。Nの場合法定相続人は配偶者と子供1人の計2人となります。そこで相続税基礎控除額は3,000万円＋600万円×2＝4,200万円となります。相続額は4,200万円を超えた部分にかかってきます。このケースでは8,000万円-4,200万円＝3,800万円の部分が課税対象額になります。相続の配分割合を別に定めない場合，2分の1は配偶者が相続し，残りを子供たちで分割します。4,200万円を超える部分の配偶者と子供の課税対象額はそれぞれ3,800万円÷2＝1,900万円となります。配偶者の場合は配偶者税額控除という制度があるため1億6,000万円までは課税されません。子供の場合はこのような制度がないため課税対象となります。課税対象額に対する相続税の税率は以下の表のように定められています。

図表7－16	【平成27年1月1日以後の場合】相続税の速算表

法定相続分に応ずる取得金額	税率	控除額
1,000万円以下	10%	－
3,000万円以下	15%	50万円
5,000万円以下	20%	200万円
1億円以下	30%	700万円
2億円以下	40%	1,700万円
3億円以下	45%	2,700万円
6億円以下	50%	4,200万円
6億円超	55%	7,200万円

（出所）国税庁ホームページ。

　この例では子供の相続額が1,900万円なので図表7－16のように3,000万円以下の税率15％の相続税が課され，そこから50万円が控除されます。1,900万円×0.15－50＝235万円の相続税を支払うことになります。

7－6．相続税対策

7－6－1．賃貸物件を建てる

　環境に恵まれた場所に不動産を所有していると建物賃貸事業者から相続税対策のために賃貸経営をしないかという誘いを頻繁に受けることになります。なぜ賃貸用のアパートやマンションを建てると相続税対策になるのでしょうか。ベンチマークを用いてみていくことにします。

> **ベンチマーク**
>
> 相続資産　土地1億円　現金1億円
>
> 法定相続人　配偶者　子供2人
>
> 土地の借地権割合　60%
>
> アパートの借家権割合　30%
>
> アパートの賃貸割合　80%

　Oの法定相続人は配偶者と子供2人の家族です。そして相続資産は土地1億円と現金1億円です。アパートを建てれば相続税が安くなるという話を聞いて実際いくら安くなるのか計算してみました。まず1億円の現金資産でアパートを建てることで相続税課税対象資産は現金1億円から建物資産に変わります。それによって固定資産評価額は通常現金資産よりも大幅に低くなります。購入したばかりの新車が一度登録され中古車として販売されると価格が何割も下落するのと同じです。1億円の現金が5,000万円の建物資産になったと仮定します。まず土地に建物を建てた場合の相続税を計算し，次に現金と土地をそのまま相続した場合の相続税を計算しどちらが有利か比較します。

【土地に建物を建てた場合】
　＜建物の相続額＞
　固定資産税評価額×（1－借地権割合×賃貸割合）
　5,000万円×（1 － 0.3 × 0.8）＝ 3,800

　＜土地の相続額＞
　路線価×地積×（1－借地権割合×借家権割合×賃貸割合）
　10,000万円×（1 － 0.6 × 0.3 × 0.8）＝ 8,560

　相　続　額　合計12,360万円
　課税対象額　相続額－相続税基礎控除額（Oの法定相続人は配偶者及び子供2人
　　　　　　　なので3人になります）
　　　　　　　12,360 －（3,000万円 + 600万円 × 3）＝ 7,560万円

　子供1人あたりの相続額（配偶者が2分の1，子供がそれぞれ4分の1相続する法定相続の場合です。配偶者は配偶者税額控除のため課税対象外となります。子供の相続額は以下のようになります）

7,560 万円 ÷ 4 = 1,890 万円

1,890 × 15% − 50 = 233.5

233.5 × 2 = 467 万円

相続税額　家族で 467 万円

【土地と現金を相続した場合】

次に建物を建てないでそのまま相続した場合です。

＜基礎控除額＞

基礎控除額は 3,000 万円 + 600 万円 × 3 = 4,800 万円となります。

20,000 万円 − 4,800 万円 = 15,200 万円

課税対象額は 15,200 万円となり，子供相続分 15,200 万円 ÷ 4 = 3,800 万円となります。

3,800 × 20% − 200 = 560 万円

子供が 2 人なので 2 倍します。

560 万円 × 2 = 1,120 万円

相続税額 1,120 万円

相続対策としてアパートを建てたほうが 1,120 − 467 = 653 万円の相続税を支払わなくて済む計算になります。しかしアパートを建てる場所にもともと賃貸需要がなければ賃借人が現われずに借金だけかさんでしまうケースや，相続する前に建物が老朽化してしまいリフォームに多額の費用が掛かって倒産してしまうケースなどが多発しています。課税額が巨大でない場合は些細な違いにとらわれないほうが賢明といえるでしょう。

図表7－17　贈与税

【一般贈与財産用】（一般税率）

基礎控除後の課税価格	200万円以下	300万円以下	400万円以下	600万円以下	1,000万円以下	1,500万円以下	3,000万円以下	3,000万円超
税　率	10%	15%	20%	30%	40%	45%	50%	55%
控除額	－	10万円	25万円	65万円	125万円	175万円	250万円	400万円

【特例贈与財産用】（特例税率）

基礎控除後の課税価格	200万円以下	400万円以下	600万円以下	1,000万円以下	1,500万円以下	3,000万円以下	4,500万円以下	4,500万円超
税　率	10%	15%	20%	30%	40%	45%	50%	55%
控除額	－	10万円	30万円	90万円	190万円	265万円	415万円	640万円

（出所）国税庁ホームページ。

7－6－2．贈与を生かす

　相続税対策として不動産資産を建てるのはリスクもあるので，確実に大切な資産を後継者に受け継ぐ贈与という方法をみていきます。贈与に供される資産は特例贈与財産として認められるものと一般贈与財産として認められるものがあります。特例贈与財産とは2015年1月1日以降に直系尊属（父母や祖父母など）から20歳以上の人（子や孫など）に贈与された財産のことです。この財産にかかる贈与税率を特例税率といいます。特例贈与財産に該当しないものを一般贈与財産といい，兄弟間の贈与，子供が未成年の場合の親から子への贈与などを指します。以下にベンチマークを利用して贈与を利用した節税効果をみていきます。

> **ベンチマーク**
> 相続資産　2億円　家族　配偶者1人　子供（成人）1人
> 贈与額　毎年510万円　贈与期間　10年間

贈与税

年間510万円を子供に贈与するので1年間に支払う贈与税は次のようになります。年間110万までは課税額から控除されるのでこの額を引いて，残りの400万円の15%からさらに10万円の控除額を引くと毎年の贈与税額は50万円となります。

510 − 110 = 400　400万円 × 15% − 10 = 50万円

10年間の贈与税は50万円 × 10 = 500万円となります。

相続時にかかる税金

すでに5,100万円を贈与しているので残りの額から相続税が徴収されることになります。

20,000万円 − 5,100万円 = 14,900万円

相続人は親子2人なので控除額を引いて

14,900 − 4,200 = 10,700万円　10,700 ÷ 2 = 5,350万円

配偶者は配偶者税額控除を受けることができるので5,350万円をそのまま受け継ぐことができますが子供の相続資産には課税されます。

5,350万円 × 0.3 − 700 = 905万円

相続税と10年間支払いをしてきた贈与税の合計でかかった税額は次のようになります。

贈与と相続両方を用いた場合の課税額

905 + 500（贈与税）= 1,405万円・・・①

贈与を用いず直接相続する場合

配偶者は配偶者税額控除を受けるので非課税です。子供への課税額は以下のようになります。

2億円から控除額4,200万を引いた額

20,000 −（3,000 + 2 × 600）= 15,800万円

15,800 ÷ 2 = 7,900万円

7,900 × 0.3 − 700 = 1,670 万円

　贈与を用いない場合の課税額　1,670 万円・・・②

　よって贈与と相続を両用した方の節税効果は 1,670 − 1,405 = 265 万円とな
ります。

─── 第**8**章 ───

商業用不動産のロケーションの決定

　いままで住居用の不動産の運営に焦点を絞って見てきましたが，この章では商業用不動産のロケーションの選択について学びます。商業用不動産の経営の鍵は人の集う場所の選択に尽きます。そこでまず人が集う市区町村を導き出す「トンプソンの便宜性指数」について見ていくことにします。さらにビジネスを行おうとしている街が周囲の街とどのような関係にあるのかを「ライリーの法則」，「コンバースの法則」，「コンバースの応用法則」で測定できるように学習します。最後は「修正ハフモデル」で市区町村の中での立地の選択方法について学びます。

8−1．トンプソンの便宜性指数

　小売やサービス業ではロケーションの良さが売上高に大きな影響を与えます。市区町村の選択には同じ都道府県に属している他の都市から購買力を吸収している都市であることが理想的です。都市が持つ購買力の評価を行う方法に「トンプソン便宜性指数」があります。この指標の値が１より大きければその都市は他の都市から購買力を吸収していることを意味します。例として千葉県柏市のトンプソンの便宜性指数を調べてみます。便宜性指数は以下の式から計算することができます。

図表8－1　トンプソンの便宜性指数

トンプソンの便宜性指数 ＝ （調査対象都市の小売販売額 ÷ 調査対象都市の人口）÷（調査対象都市が属する都道府県全体の小売販売額 ÷ 調査対象都市が属する都道府県全体の人口）

パラメーター

柏市の卸・小売売上高　790,601（単位：百万円/年）

柏市の人口　431,295人

千葉県全体の卸・小売売上高　11,211,560（単位：百万円/年）

千葉県全体の人口　6,240,840人

これを式に当てはめてみるとトンプソンの便宜性指数＝（790,601÷431,295）÷（11,211,560÷6,240,840）＝1.02となります。数値が1以上を示しているので，柏市は千葉県の他の都市の購買力を吸収していることを意味します。

8－1－1．都道府県に属する市区町村全体のトンプソン便宜性指数を計算する

　以下にエクセルを使って市区町村全体のトンプソン便宜性指数を計算する方法を学んでいくことにします。

　①自分の居住している都道府県の政令指定都市，区，市町村などをすべて列挙しそれぞれの人口，小売売上高を列挙します。図表8－2の例は千葉県の市町村を列挙し，それぞれの市町村に人口と小売売上高を入力していったものです。すべて入力できたら，最後に合計を出します。2行にまたがっているので合計のところに入れる式は＝sum（d4:d30,h4:h30）のように入力します。Sumは合計の意味です（足し始めるところ：終わり，カンマを入れると他の行に移っても続けられます）。

図表8-2	トンプソンの便宜性指数の作成（手順1）

市町村	人口	卸・小売業売上高	市町村	人口	卸・小売業売上高
千葉市	980,824	3,479,867	富里市	49,891	82,282
船橋市	640,695	986,469	山武市	48,864	74,744
柏市	431,295	790,601	鴨川市	31,850	64,185
松戸市	493,298	676,090	匝瑳市	34,816	62,201
市川市	497,268	640,790	袖ヶ浦市	63,429	55,383
浦安市	171,209	498,439	富津市	42,755	49,053
市原市	269,406	346,750	いすみ市	35,969	40,094
成田市	132,522	284,631	大網白里市	47,872	38,200
木更津市	135,615	262,902	南房総市	35,990	34,662
習志野市	173,939	236,539	横芝光町	22,411	33,853
八千代市	198,464	230,812	勝浦市	17,092	26,509
茂原市	86,938	196,387	栄町	20,055	25,785
野田市	152,508	189,675	酒々井町	20,456	23,637
佐倉市	170,322	183,554	芝山町	7,014	22,566
流山市	196,652	158,107	多古町	13,955	20,877
旭市	63,899	142,614	長生村	13,714	15,365
銚子市	58,536	141,939	東庄町	13,215	12,612
君津市	81,951	131,122	大喜多町	8,937	11,476
八街市	67,042	122,879	九十九里町	14,915	11,221
印西市	101,664	119,564	一宮町	11,707	9,007
香取市	32,938	109,646	陸沢町	6,822	7,074
四街道市	92,688	99,441	鋸南町	7,205	6,923
東金市	57,930	90,987	長南町	7,458	6,012
我孫子市	130,746	89,027	白子町	10,402	4,789
館山市	44,891	87,657	御宿町	6,870	4,631
白井市	61,938	83,370	神崎町	5,768	3,616
鎌ヶ谷市	109,472	83,095	長柄町	6,758	1,849
			合計	6,240,840	=sum(D4:D30,H4:H30)

②新たな行を挿入します。

図表8-3	トンプソンの便宜性指数の作成（手順2）

B	C	D	E	F	G	H
市町村	人口	卸・小売業売上高	市町			売上高
千葉市	980,824	3,479,867	富里		切り取り(T)	82,282
船橋市	640,695	986,469	山武		コピー(C)	74,744
柏市	431,295	790,601	鴨川		貼り付けのオプション:	64,185
松戸市	493,298	676,090	匝瑳			62,201
市川市	497,268	640,790	袖ヶ			55,383
浦安市	171,209	498,439	富津		形式を選択して貼り付け(S)...	49,053
市原市	269,406	346,750	いす			40,094
成田市	132,522	284,631	大網		挿入(I)	38,200
木更津市	135,615	262,902	南房		削除(D)	34,662
習志野市	173,939	236,539	横芝		数式と値のクリア(N)	33,853
八千代市	198,464	230,812	勝浦			26,509
茂原市	86,938	196,387	栄町		セルの書式設定(E)...	25,785
野田市	152,508	189,675	酒々		列の幅(C)...	23,637
佐倉市	170,322	183,554	芝山町	7,014	非表示(H)	22,566
流山市	196,652	158,107	多古町	13,955	再表示(U)	20,877
旭市	63,899	142,614	長生村	13,714		15,365

③トンプソン便宜性指数の式の入力

　図表8－4のようにトンプソン便宜性指数の計算式を入力します。式は＝（小売売上高÷人口）÷（県全体の売上高÷県全体の人口）です。県全体の売上高と人口は動いてはいけないので＄Ｉ＄31のようにドルサインを入れて固定します。Ｆ4キーを押すとドルマークが表示され指定されたセルは自動的に固定されます。セルの右下角にマウスをポイントし＋マークになったらドラッグし市区町村のトンプソン指数をすべて計算します。

図表8－4　トンプソンの便宜性指数の作成（手順3）

市町村	人口	卸・小売業売上高	トンプソン	ランク	市町村	人口	卸・小売業売上高	ト
千葉市	980,824	3,479,867	=（D4/C4）/（$I$31/$H$31）			49,891	82,282	
船橋市	640,695	986,469			山武市	48,864	74,744	
柏市	431,295	790,601			鴨川市	31,850	64,185	
松戸市	493,298	676,090			匝瑳市	34,816	62,201	
市川市	497,268	640,790			袖ヶ浦市	63,429	55,383	
浦安市	171,209	498,439			富津市	42,755	49,053	
市原市	269,406	346,750			いすみ市	35,969	40,094	
成田市	132,522	284,631			大網白里市	47,872	38,200	
木更津市	135,615	262,902			南房総市	35,990	34,662	
習志野市	173,939	236,539			横芝光町	22,411	33,853	
八千代市	198,464	230,812			勝浦市	17,092	26,509	
茂原市	86,938	196,387			栄町	20,055	25,785	
野田市	152,508	189,675			酒々井町	20,456	23,637	
佐倉市	170,322	183,554			芝山町	7,014	22,566	
流山市	196,652	158,107			多古町	13,955	20,877	
旭市	63,899	142,614			長生村	13,714	15,365	
銚子市	58,536	141,939			東庄町	13,215	12,612	
君津市	81,951	131,122			大喜多町	8,937	11,476	

　④ランクをつける。トンプソン指数が1.3より優れていた都市がAランク。0.8以上ならばB，0.8未満ならCというようにランクをつけることで購買力を吸収している市区町村が一目でわかるようにします。判別式には＝IFを用います。＝IF（条件，条件を満たした場合"A"を表示，そうでない場合，また条件式を入れてIF（条件，条件を満たした場合"B"，そうでない場合"C"））とします。

図表８－５	トンプソンの便宜性指数の作成（手順４）

市町村	人口	卸・小売業売上高	トンプソン	ランク	市町村	人口	卸・小売業売上高	トンプソン	ランク
千葉市	980,824	3,479,867	1.97	=if(E4>=1.3,"A",if(E4>=0.8,"B","C"))					0.92
船橋市	640,695	986,469	0.86		山武市	48,864	74,744		0.85
柏市	431,295	790,601	1.02		鴨川市	31,850	64,185		1.12
松戸市	493,298	676,090	0.76		匝瑳市	34,816	62,201		0.99
市川市	497,268	640,790	0.72		袖ヶ浦市	63,429	55,383		0.49
浦安市	171,209	498,439	1.62		富津市	42,755	49,053		0.64
市原市	269,406	346,750	0.72		いすみ市	35,969	40,094		0.62
成田市	132,522	284,631	1.20		大網白里市	47,872	38,200		0.44
木更津市	135,615	262,902	1.08		南房総市	35,990	34,662		0.54
習志野市	173,939	236,539	0.76		横芝光町	22,411	33,853		0.84
八千代市	198,464	230,812	0.65		勝浦市	17,092	26,509		0.86
茂原市	86,938	196,387	1.26		栄町	20,055	25,785		0.72
野田市	152,508	189,675	0.69		酒々井町	20,456	23,637		0.64
佐倉市	170,322	183,554	0.60		芝山町	7,014	22,566		1.79
流山市	196,652	158,107	0.45		多古町	13,955	20,877		0.83
旭市	63,899	142,614	1.24		長生村	13,714	15,365		0.62
銚子市	58,536	141,939	1.35		東庄町	13,215	12,612		0.53

⑤計算の結果

図表８－６	トンプソンの便宜性指数（完成図）

市町村	人口	卸・小売業売上高	トンプソン	ランク	市町村	人口	卸・小売業売上高	トンプソン	ランク
千葉市	980,824	3,479,867	1.97	A	富里市	49,891	82,282	0.92	B
船橋市	640,695	986,469	0.86	B	山武市	48,864	74,744	0.85	B
柏市	431,295	790,601	1.02	B	鴨川市	31,850	64,185	1.12	B
松戸市	493,298	676,090	0.76	C	匝瑳市	34,816	62,201	0.99	B
市川市	497,268	640,790	0.72	C	袖ヶ浦市	63,429	55,383	0.49	C
浦安市	171,209	498,439	1.62	A	富津市	42,755	49,053	0.64	C
市原市	269,406	346,750	0.72	C	いすみ市	35,969	40,094	0.62	C
成田市	132,522	284,631	1.20	B	大網白里市	47,872	38,200	0.44	C
木更津市	135,615	262,902	1.08	B	南房総市	35,990	34,662	0.54	C
習志野市	173,939	236,539	0.76	C	横芝光町	22,411	33,853	0.84	B
八千代市	198,464	230,812	0.65	C	勝浦市	17,092	26,509	0.86	B
茂原市	86,938	196,387	1.26	B	栄町	20,055	25,785	0.72	C
野田市	152,508	189,675	0.69	C	酒々井町	20,456	23,637	0.64	C
佐倉市	170,322	183,554	0.60	C	芝山町	7,014	22,566	1.79	A
流山市	196,652	158,107	0.45	C	多古町	13,955	20,877	0.83	B
旭市	63,899	142,614	1.24	B	長生村	13,714	15,365	0.62	C
銚子市	58,536	141,939	1.35	A	東庄町	13,215	12,612	0.53	C
君津市	81,951	131,122	0.89	C	大喜多町	8,937	11,476	0.71	C
八街市	67,042	122,879	1.02	B	九十九里町	14,915	11,221	0.42	C
印西市	101,664	119,564	0.65	C	一宮町	11,707	9,007	0.43	C
香取市	32,938	109,646	1.85	A	陸沢町	6,822	7,074	0.58	C
四街道市	92,688	99,441	0.60	C	鋸南町	7,205	6,923	0.53	C
東金市	57,930	90,987	0.87	B	長南町	7,458	6,012	0.45	C
我孫子市	130,746	89,027	0.38	C	白子町	10,402	4,789	0.26	C
館山市	44,891	87,657	1.09	B	御宿町	6,870	4,631	0.38	C
白井市	61,938	83,370	0.75	C	神崎町	5,768	3,616	0.35	C
鎌ヶ谷市	109,472	83,095	0.42	C	長柄町	6,758	1,849	0.15	C
					合計	6,240,840	11,211,560		

　上位3位は千葉市1.97，香取市1.85，芝山町1.79となりました。千葉市が一番大きいことは納得できますが，香取市や芝山町など意外な市町村がトップにランクされました。なぜかについて，2位の香取市を例に取って調べてみます。千葉県の観光客の多かったスポットの上位18位までの中で香取市の施設が3つもランクインされています。1つが香取神宮，道の駅水の郷さわら，そして道の駅栗本「紅小町の郷」です。江戸時代からの街並みと海外への玄関口（成田空港）に至近な立地条件に恵まれ多くの観光客がお金を落とすことが香取市を千葉県で2番目にトンプソン便宜性指数が高い街にならしめている原因と思われます。

図表8−7　観光入込客数（延べ人数）の多かった観光地点等

（単位：万人地点）

順位	観光地点	所在市町村名	分類	平成30年	平成29年
1	東京ディズニーランド	浦安市	テーマパーク	3,256	3,010
2	成田山新勝寺	成田市	神社・仏閣	1,200	1,147
3	海ほたるパーキングエリア	木更津市	道の駅，パーキングエリア	753	761
4	幕張メッセ（イベントホール・国際展示場）	千葉市	イベント会場	701	670
5	パサール幕張（上・下）	千葉市	道の駅，パーキングエリア	433	430
6	ZOZOマリンスタジアム	千葉市	スポーツ観戦	207	196
7	香取神宮	香取市	神社・仏閣	189	198
8	道の駅　木更津　うまくたの里	木更津市	道の駅，パーキングエリア	165	51
9	県立柏の葉公園	柏市	公園	148	142
10	宗吾霊堂	成田市	神社・仏閣	122	116
11	道の駅水の郷さわら	香取市	道の駅，パーキングエリア	116	116
12	道の駅季楽里あさひ	旭市	道の駅，パーキングエリア	114	104
13	東京ドイツ村	袖ヶ浦市	レジャーランド・遊園地	105	106
14	道の駅オライはすぬま（物宝館・レストラン）	山武市	道の駅，パーキングエリア	103	110
15	道の駅しょうなん	柏市	道の駅，パーキングエリア	101	107
16	鴨川シーワールド	鴨川市	水族館	90	88
17	道の駅いちかわ	市川市	道の駅，パーキングエリア	85	−
18	道の駅くりもと「紅小町の郷」	香取市	道の駅，パーキングエリア	82	84

図表8－8　香取市の観光スポット

まとめると以下のようになるでしょう。

・香取市は水郷の中心で小江戸3都市（川越，香取，栃木）の1つと呼ばれ多くの観光客を惹きつけています。

・成田空港から車で30分ほどで出発前や到着した足で観光することが可能です。

・当該都市の人口1人あたりの売上高は千葉県の平均の1人あたり売上高の1.85倍もあります。それだけビジネスチャンスも多くあると思われます。

・コロナ禍の中では厳しい側面もあるでしょうが，コロナ後のインバウンド復活の可能性は否めません。

8－2．ライリーの法則

　米国の経済学者ライリーが1929年実証的に発見した法則です。商圏の分岐点がどこに存在するかを発見するための法則です。この法則の骨子は『2つの小売市場が，その中間地点の都市の購買力を分割する比率は2つの小売市場の人口に比例し距離の2乗に反比例する』というものです。以下に具体例を出して公式の使い方を学んでいきます。ライリーの法則の方程式は図表8－9のよ

うで，パラメーター（変数）は次のようになります。

> 図表 8 - 9　ライリーの法則

$$\frac{Bx}{By} = \frac{Px}{Py} \times \left(\frac{Dy}{Dx}\right)^2$$

パラメーター

・Bx ＝都市 X に吸収される中間の町 Z の販売量（額）
・By ＝都市 Y に吸収される中間の町 Z の販売量（額）
・Px ＝都市 X の人口
・Py ＝都市 Y の人口
・Dx ＝都市 X から中間の町 Z までの距離
・Dy ＝都市 Y から中間の町 Z までの距離

　静岡県三島市，沼津市，清水町という 3 つの市町を例に取って計算してみましょう。位置関係は三島市が東側に沼津市が西側に位置し，中間に清水町が入るという関係です。ここでは X を三島（11 万人）とし Y を沼津（19.5 万人）とします。清水町の年間小売売上高は 1,569 億（2021 年）です。三島市から清水町の距離を 2 km，沼津市から清水町の距離を 3 km として計算します。

ライリーの法則（三島市，清水町，沼津市の例）

$$\frac{Bx}{By} = \frac{Px}{Py} \times \left(\frac{Dy}{Dx}\right)^2$$

$$\frac{Bx}{By} = \frac{110,000}{195,000} \times \left(\frac{3}{2}\right)^2 = \frac{33}{26}$$

$$Bx : By = 33 : 26$$

　パラメーターを入力して計算すると清水町の購買力は三島（33）と沼津（26）で割り振られることがわかりました。清水町の購買力（年間）は 1,569 億円でしたので，これを三島と沼津に割り振ると次のようになります。

三島に入る清水町の購買力

$$1,569 \times \frac{33}{(33+26)} = 877億円$$

沼津に入る清水町の購買力

$$1,569 \times \frac{26}{(33+26)} = 691億円$$

　以上の式から清水町の購買力（1,569億円）のうち三島市に入る金額は877億になることがわかりました。あくまでも理論上の話で，清水町に商業施設がない場合になります。実際は清水町にはショッピングセンターがあり地域から多くの顧客を惹きつける町です。

8－3．コンバースの応用法則

　ライリーが発見したマーケティングの法則をコンバースが応用して新しい法則を発見しました。それがコンバースの応用法則と呼ばれるもので，Aという商圏とBという商圏を分割する地点を導き出すことに用いられる公式です。その地点は，例えばA市とB市の人口がちょうど同じ割合で買い物に来る地点と

図表8－10　コンバースの応用法則

コンバースの応用法則はライリーの法則から求めたものである。BxとByが1になる点を求める。X市とY市の購買力が同一になる距離を求めるためである。

　D_{xy}は2都市間のトータルの距離である。

　そこで$D_x + D_y = D_{xy}$となる。ここから$D_y = D_{xy} - D_x$

① $\dfrac{B_x}{B_y} = \dfrac{P_x}{P_y} \times \left(\dfrac{D_y}{D_x}\right)^2$ 　　　　③ $1 = \dfrac{P_x}{P_y} \times \left(\dfrac{D_y}{D_x}\right)^2$

② $\dfrac{B_x}{B_y} = \dfrac{P_x}{P_y} \times \left(\dfrac{D_{xy}-D_x}{D_x}\right)^2$ 　$\dfrac{B_x}{B_y} = 1$ ④ $\dfrac{D_{xy}-D_x}{D_x} = \sqrt{\dfrac{P_y}{P_x}}$

　　　　　　　　　　　　　　　　　　⑤ $\dfrac{D_{xy}}{D_x} = \sqrt{\dfrac{P_y}{P_x}} - 1$

⑥ $D_x = \dfrac{D_{xy}}{1 + \sqrt{\dfrac{P_y}{P_x}}}$ 【コンバースの応用法則】

いうことになります。例えば浜松市と静岡市両市民が同じ割合（1：1）で利用できる位置なので両市民が享受できる公共施設などの立地計画などにも用いることができます。例えば空港などの例が挙げられます。

　それでは静岡市と浜松市両方の市民に便利な空港を静岡市から何キロの地点に置いたらよいかという計算をしてみます。静岡と浜松の距離は国道1号経由で76 kmです。静岡市の人口は約68万人で浜松市は約79万人です。理論的には静岡と浜松の人が同じ割合で利用することのできる距離は図表8－11の計算のように静岡市から36.75 kmとなります。実際の静岡駅から富士山静岡空港の距離は36.5 kmでほぼ計算と一致しています。

| 図表8－11 | コンバースの応用法則の使用例 |

Dxyを静岡浜松の距離76kmとします。
Dxを静岡市から静岡空港の距離とします。

$$Dx = \frac{Dxy}{1+\sqrt{\dfrac{Py}{Px}}} \text{【コンバースの応用法則】}$$

$$Dx = \frac{76}{1+\sqrt{\dfrac{79}{68}}} = 36.57$$

8－4．新小売引力の法則

　商業施設の整った大きい都市は周辺都市から購買力を吸収します。どのくらいの割合で吸収するのかを計算で求める公式が新小売引力の法則になります。

| 図表8－12 | 新小売引力の法則 |

$$\frac{Bx}{By} = \frac{Px}{Hy} \times \left(\frac{4}{D}\right)^2$$

パラメーター

Bx ＝地元都市 Y の購買力のうち都市 X に吸収される割合

By ＝地元都市 Y の購買力のうち都市 Y にとどまる割合

Px ＝都市 X の人口

Hy ＝地元都市 Y の人口

D ＝都市 X・Y 間の距離

4 ＝慣性因子

　図表 8 - 12 の式に X を千葉県の柏市，Y を我孫子市として柏市に吸収される我孫子市の購買力を計算してみることにします。

柏市の人口 Px ＝ 43 万人

我孫子市の人口 Hy ＝ 13 万人

柏市と我孫子市の距離 D ＝ 5 km

$$\frac{Bx}{By} = \frac{43}{13} \times \left(\frac{4}{5}\right)^2 = \frac{688}{325}$$

$$\text{柏市に吸収される我孫子市の購買力} = \frac{688}{(688+325)} = 0.68$$

　Bx が 688 で By が 325 となるので上記の式のように我孫子市の購買力の 68％が柏市に吸収される計算になります。

8－5．修正ハフモデル

　修正ハフモデルとは通産省（現在の経済産業省）が米国のカリフォルニア大学の経済学者 David Huff 氏が作り上げたハフモデルを日本の現状にあてはめて修正して作り上げたモデルです。修正ハフモデルでは店舗への出向割合は店舗面積に比例し，距離の 2 乗に反比例するといいます。例えば店舗Aへの顧客吸引率は以下のように計算されます。

$$\text{店舗Aの吸引力} = \frac{\dfrac{\text{店舗Aの売場面積}}{\text{店舗Aへの距離}^2}}{\dfrac{\text{店舗Aの売場面積}}{\text{店舗Aへの距離}^2} + \dfrac{\text{店舗Bの売場面積}}{\text{店舗Bへの距離}^2} + \cdots + \dfrac{\text{店舗nの売場面積}}{\text{店舗nへの距離}^2}}$$

　以下，例を用いて店舗Ａへの顧客吸引率を計算してみます。

　ある大学のキャンパスの寮に5,000人が住んでいて，周囲にスーパーが３軒しかないという設定で，何人がスーパーＡにいくかという問題です。キャンパスからスーパーＡまでの距離は２km，スーパーＢまでは１km，スーパーＣまでは３kmだとします。またスーパーの売り場面積はＡが1,500㎡，Ｂが1,000㎡，Ｃが1,000㎡であるとします。その際のスーパーＡへの出向割合は図表8－13のように計算され5,000人のうち1,261人がスーパーＡに買い物に行くことになります。率にすると約25％になります。

図表8－13　修正ハフモデル

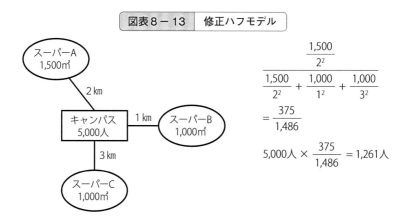

$$\frac{\dfrac{1,500}{2^2}}{\dfrac{1,500}{2^2}+\dfrac{1,000}{1^2}+\dfrac{1,000}{3^2}}$$

$$=\frac{375}{1,486}$$

$$5,000\text{人}\times\frac{375}{1,486}=1,261\text{人}$$

第9章

海外不動産投資

　日本は人口減少社会なので，大部分の地域で人口が減少してきます。日本では空き家率が13.6％（2019）に到達し，今後も人が住まなくなった家が増加しゴーストタウンのような街が将来の日本に広がっていることが予想されます。他方，日本と関係の深い東南アジアや南アジアの国々では人口が大きく増加している国と減少に転じた国があります。大きく増加している国はインド，インドネシア，フィリピンなどです。これらの国では生産労働人口が増加し従属人口指数が低下を続ける人口ボーナス期がそれぞれ2035年，2030年，2040年まで続きます。反対に人口の増加率は減りましたが日本人投資家に人気のあるタイやマレーシアなどでは投資ブームが何度か訪れ，多くの物件が購入されてきました。しかし利回りがとれず上手く運営されていないのが現状です。例えば3,000万の物件を購入し，5％の利回りを期待したならば年間150万円の売上が必要です。しかし月給が平均3万円の国で月12.5万円の家賃を払える人がどれくらいいるでしょうか。それでもディベロッパーは建てれば売れるという状況下ではいくらでもコンドミニアムを建てていきます。その結果バンコクやジャカルタ，クアラルンプール，マニラといった都市ではコンドミニアムの供給過剰で値崩れが起きているのにもかかわらず借り手がいないというのが現状です。さらに素材や施工に粗悪な建物が多い，灼熱とスコールもあり十数年もたてば建物が老朽化してしまいます。また発展途上国の法律は当てにできず物事は地元民の有利に展開します。日本での不動産投資は将来が不安だからといって安易に海外投資を行っては失敗します。海外不動産投資においては投資家の権利が保護される投資環境の整った先進国での投資が基本になります。

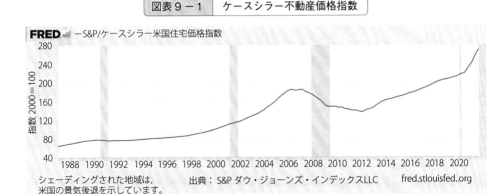

図表９−１　ケースシラー不動産価格指数

シェーディングされた地域は,
米国の景気後退を示しています。　　　　出典：S&P ダウ・ジョーンズ・インデックスLLC　　fred.stlouisfed..org

９−１．海外不動産の投資とタイミング

　2013 年を境として世界の不動産価格は上昇を重ね今日ではかつて経験した
ことのないような急激な不動産価格の上昇をみせています。世界の不動産価格
は米国の住宅価格に追随するので米国の不動産価格を知ると世界的な兆候を見
てとることができます。米国の不動産価格を代表するインデックスにケースシ
ラー不動産価格指数があります。ケースシラー不動産価格指数は米国ファイ
サーブ社が算出しS&P 社が発表する指標で,全米主要 10 都市の一戸建て住宅
価格の変化を調査したものです[1]。指標は 2000 年を 100 としたその後の価格
変動を示しています。ケースシラーインデックスによると 2006 年 7 月に 184.6
に到達し 2000 年以降のピークを迎えています。その後,サブプライムローン
に端を発する不良債権問題の発生,2008 年 9 月の米国証券大手リーマンブラ
ザーズの破綻のあとは 2012 年 2 月の 134 まで下落します。しかし,アメリカ
連邦準備銀行（FRB）の相次ぐ金融緩和によって行き場を失った大量の緩和マ
ネーが不動産市場になだれ込み 2021 年 3 月の時点では 243.7 という高値で取引
がなされています。特に 2020 年からのコロナ禍の中での価格上昇が顕著なの
は①不動産の需給の不均衡,②新たな金融緩和が行われたこと,③テーパリン

---

1) Yahoo finance Japan　https://info.finance.yahoo.co.jp/fx/marketcalendar/
detail/9102.

162

図表9－2　米国の新築住宅供給数

Residential Construction　　　　　　　　　（1,000 units）

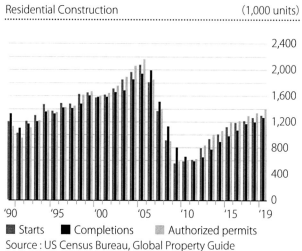

■ Starts　　■ Completions　　▨ Authorized permits

Source : US Census Bureau, Global Property Guide

図表9－3　米国住宅ローン金利

Interest Rates（%）

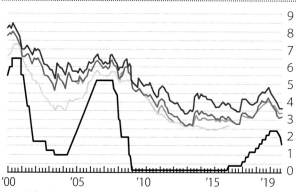

■ Fed funds rate　■ 1-yr ARM mortgage rate
■ 5-yr ARM mortgage rate
▨ 15-yr fixed mortgage rate
▨ 30-year fixed mortgage rate

Source : Freddie Mac, US Fed, Global Property Guide

グ（金融緩和の縮小）の早期到来を予想している市場参加者が低金利で住宅購入ができる最後の機会とみなして市場に殺到していることなどからです。

　①についてはアメリカの中古住宅市場の需要が700万戸に到達したのに対し，図表9－2のように新築住宅の供給が120万戸ほどしかないことが挙げられます。残りは中古住宅を購入するしかありません。これが住宅価格を上昇させている要因の1つです。

　②については図表9－3のように米国不動産の金利が下落していることが挙げられます。30年住宅ローン金利は2018年8月に4.55％，2019年8月は3.62％だったのが2020年8月時点では2.94％へと下落しました。同様に2020年8月時点で15年ローンは2.48％（2018年：4.02％，2019年：3.08％），5年ローンは2.91％（2018年：3.87％，2019年：3.36％）というように下落し21世紀に入って最低レベルの金利で推移しています。

　現在はバブル期にある不動産価格もいつかは下落に転ずることは歴史が証明しています。不動産価格の変動は長期的にみると株価の変動に従います。図表9－4を見てわかるように株価と住宅価格は対2000年度比で共に約2.5倍になっています。しかし不動産価格と株価のボラティリティ（価格の変動）を

図表9－4　米国住宅価格と米国株価の対比

（出所）S&P/Case Shiller US. National Price Index と Investing Com の資料より筆者が作成。

比較すると株価のほうがはるかに高いといえます。例えば株価の指標である
S&P500ではリーマンショック前の最高値は2007年6月の1,503でした。し
かし，それが2009年の2月に735という最低値を記録するまでに要した期間
は1年8か月しかなく株価の下落割合は51％でした。それに対して不動産価
格のリーマンショック前のピークは2006年7月の184でしたが，その後2012
年2月のボトムの134に到達するまで5年5か月という長い時間がかかってい
ます。しかもこの間の下落率は28％にすぎません。つまり株価は短期間に急
激に値を下げる傾向があるのに対し不動産価格の下落は緩慢であるということ
です。また上昇に関しては株価も上昇は穏やかですが，それよりもさらに穏や
かに不動産価格は価格形成をしていきます。このように不動産に関しては株式
市場に急変があっても，それに対するレジリアンス（耐性）が強いということ
ができます。しかし逆をいえば，バブルが崩壊しても，買い時がくるまで何年
も辛抱強く待たねばならないことを表します。このように株価と不動産価格の
上昇の原因はともに金利が低いことが条件になっています。金利が上昇すれば
リスキーな株式投資よりも出資金の返金が保証された国債を購入するでしょう
し，高い金利のときにローンを設定する不動産投資家も減少するからです。コ

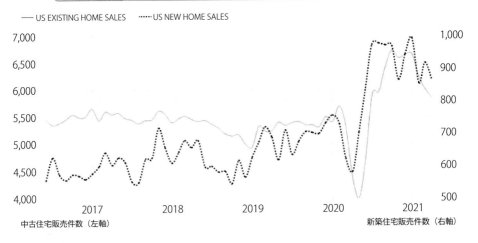

図表9－5　米国の新築住宅販売件数と中古住宅販売件数（単位：千軒）

—— US EXISTING HOME SALES　……US NEW HOME SALES

中古住宅販売件数（左軸）　　　　　　　　　　　　　　新築住宅販売件数（右軸）

（出所）TRADINGECONOMICS. COM

ロナ禍も終息に向かい，緩和マネーの影響でインフレの進行が進めば利上げも視野に入ってきます。そうなれば2022年から25年ころにかけて株価下落と同時に不動産価格の下落も視界に入ってくるはずです。

　日本を除く先進国では新築住宅市場よりも中古住宅市場のほうが発展しています。図表9－5は米国の中古市場での販売件数と新築物件の販売件数を比較したものです。2021年における住宅の販売件数は新築物件が約100万軒であるのに対し中古物件は6.5倍の650万軒にもなります。ロケーションの選択やリフォームを怠らなければ物件の価値は損なわれないばかりか，価値を上昇させていくことができます。これが日本ならばどうでしょうか。何千万も出して買った住戸が30年も経てば価値は大幅に減少してしまいます。欧米の物件が数世紀にわたり賃貸を続けているものもあるのと比べたら雲泥の差です。そこで欧米の物件は長期保有が適しているのです。欧米には物件を使い切る文化があるのです。そこで良い物件を適切な時期に購入し適切に運営し，適切に売却すれば投資家はインカムゲインとキャピタルゲインの両方を得ることができるのです。

９－２．海外不動産投資の対象国

　①人口が増加していて将来の需要も安泰である，②何十年持っていても市場

図表9－6	世界主要国の人口増加率2020（単位：万人）		
人口増加率順位	国名	人口	人口増加率
100	オーストラリア	2,577	1.13%
117	アイルランド	498	0.91%
122	カナダ	3,805	0.86%
129	ニュージーランド	485	0.80%
149	アメリカ合衆国	33,284	0.58%
157	イギリス	6,819	0.47%
180	フランス	6,542	0.23%
181	オランダ	1,717	0.22%
187	ドイツ	8,389	0.14%
208	イタリア	6,037	-0.16%
218	日本	12,606	-0.34%

調査対象国232国（人口調査：2021年6月）

（出所）World Population Review com.

166

価値が下がらない，③一般投資家の手の届く範囲の金額である，④法律がしっかりしていて投資家の保護がなされる，といった要素を含んだ国々が海外投資先国の条件になります。すべての条件を満たした国を見つけるのは難しいでしょうが，4つの条件に近い国を見つけることが重要です。まず①の先進国にあってしかも人口が増加している国を見つけます。図表9－6は先進7か国とオセアニアの国々（オーストラリア，ニュージーランド），ヨーロッパの中でも人気のオランダとアイルランドの人口増加率を見たものです。まずG7の中でもイタリアと日本は人口が減少しているため長期的な不動産投資には向いていません。先進国ではオーストラリア，アイルランド，カナダ，ニュージーランド，アメリカ合衆国，イギリスなどが元気よく人口を増加させています。さらに賃貸経営という観点から購入しようとする国に賃貸文化が根付いているのかが重要になります。自宅所有率の高い国では賃貸経営が成り立ちません。図表9－7は自宅所有率の低い（賃貸需要の多い国）トップ20の国々を示したものです。

図表9－7　主な国の自宅所有比率

	Country or Territory	Home ownership rate（%）	Date of Information		Country or Territory	Home ownership rate（%）	Date of Information
1	スイス	43.4	2015[2]	11	スウェーデン	63.6	2016[2]
2	香港	51	2014[22]	12	フランス	65.1	2018[2]
3	ドイツ	51.5	2018[2]	13	米国	65.3	2019[17]
4	オーストリア	55.2	2019[2]	14	オーストラリア	65.5	2016[16]
5	大韓民国	56.8	2015[21]	15	イスラエル	67.3	2014[15]
6	トルコ	59.0	2018[2]	16	キプロス	67.9	2019[2]
7	デンマーク	60.8	2019[2]	17	カナダ	68.5	2018[14]
8	日本	61.2	2017[20]	18	オランダ	69.0	2019[2]
9	英国	63	2018[19]	19	アイルランド	70.3	2018[2]
10	ニュージーランド	63.2	2017[18]	20	フィンランド	71.1	2019[2]

（出所）Wikipedia　2021年6月。

　賃貸比率が最も高い傾向にあるのはスイス，ドイツ，オーストリアなどゲルマン系で，そのあとに東アジア系，アングロサクソン系と続きます。フランスを除いたラテン系の人達に賃貸文化は根付いていないようです。先進国でかつ人口増加率も高く賃貸需要も旺盛なのはスイス，ドイツ，オーストラリア，イ

図表9－8	投資ビザ取得可能国（主要人気国）

国名	資格	最低投資額
アメリカ合衆国	永住権	180万アメリカドル
オーストラリア	永住権	150万オーストラリアドル
カナダ（中断中）	永住権	35万カナダドル
シンガポール	永住権	250万シンガポールドル
スペイン	長期滞在ビザ→永住権	50万ユーロ
タイ王国	長期滞在ビザ	60万バーツ
ドバイ	長期滞在ビザ	100万ディルハム
ニュージーランド	永住権	300万ニュージーランドドル
ポルトガル（地域限定）	長期滞在ビザ→永住権	35万ユーロ
マルタ	長期滞在ビザ	25万ユーロ
マレーシア	長期滞在ビザ	15万リンギット

　ギリス，ニュージーランド，フランス，アメリカ，カナダなどとなります。しかしリーゾナブルという点から見るとスイス，オーストラリア，フランス，カナダは物件が高すぎます。ところで世界の不動産価格高騰に影響を与えてきた原因の1つにチャイナマネーの存在がありました。中国人富裕層は政府から監視の対象となっていて，蓄えた資産を中央政府に没収されはしないのかという不安を抱いています。そこで2010年代になると投資額に応じて永住ビザを発給してくれる先進国の不動産に中国人が殺到しました。それが永住権ビザを発給する国の住宅価格を引き上げたのです。祖国には2度と戻らぬ覚悟で渡航するためゴールデンビザの取得にかかる費用に糸目はつけません。そこで図表9－8のような国の不動産価格が高騰してきたのです。

　投資ビザではアメリカ合衆国，オーストラリア，カナダなどが人気でしたが，中国人が押し寄せたためカナダでは一時中断，アメリカでは2019年から条件を厳しくし90万米ドルから＄180万に最低投資条件を引き上げ，オーストラリアも外国人の不動産購入条件を厳しくするなど海外での不動産取得によるビザの発給条件は年を追うごとに厳しくなっています。ヨーロッパではスペイン，ポルトガル，マルタなどがゴールデンビザを支給していますがポルトガルでは2021年より人気のあるリスボンやポルトへの投資ビザの発給を停止，スペインでも条件を制限しつつあります。中国政府も国富の流出に歯止めをかけるために1人年間50,000米ドルの送金制限を厳格適用し始めたため不動産

市場に押し寄せてきた中国マネーの存在はフェイドアウトしつつあります。しかし中国マネーが押し寄せた国では不動産価格が高止まりしています。中国マネーの影響を受けなかったドイツなどでは不動産価格の上昇は穏やかに推移しています。アメリカの不動産価格は上昇しましたが国が大きいため値段が上がっていない地域（中西部など）もあり，懐の深い市場を形成しています。米国は海外不動産の代表的位置にいます。また先進国最大の人口増加率を記録してはいますが新築住宅許可件数が少ないため賃貸需要が旺盛なオーストラリア，中国マネーが流入しなかったため他の国に比べリーゾナブルに不動産が購入できるドイツ，法人税が安いため GAFA などの IT 企業の流入が著しいアイルランドの不動産市場について次の節では見ていきます。

アメリカへの永住プログラム（EB－5移住投資プログラム）

1990 年アメリカ経済活性化のため議会で策定され，USCIS（米国市民権・移民業務局）によって管理されているプログラムです。アメリカ市民権を持たない外国人が米国において一定の投資を行いかつ労働許可を得ている雇用者 10 人以上を雇うことを条件にします。投資要件は米国のどの地域で行うかによって異なります。エリア指定を受けない場合は 10 人以上の直接雇用が求められており，雇用状況が米国平均よりも 150％以上低いなどの指定を受けたエリアでは 10 人以上の間接雇用で良いとされています。最低投資額は 2019 年 11 月の法律改正以降はそれ以前の倍額に指定されました。

	最低投資額	指定エリア
ＥＢ－5（必要投資額）	$ 1,800,000	$ 900,000

（出所）US Citizenship and Immigration Service の資料より筆者が編集。

9－3．アメリカ合衆国

9－3－1．アメリカの成長基地

　不動産賃貸業を目指す投資家にとって重要なのは安く不動産を購入し高い利回りで運用することです。これはどこの国で投資を行おうとしても変わりませ

| 図表 9 － 9 | アメリカ合衆国の州別人口増減 |

State Population Growth Varied Widely Over Past Decade
Population growth rate, 2008-18

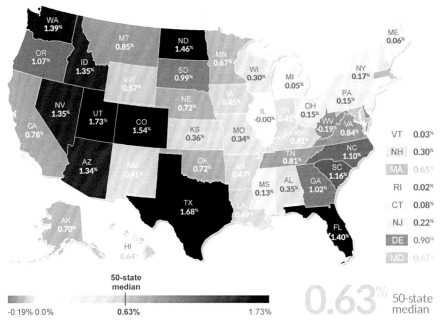

（出所）PEW http://www.pewtrusts.org/en/

ん。しかし利回りをとるためには物件を借りてくれる人の存在が必要です。投資はしたが借り手がいないでは経営が成り立たないからです。それでは米国のどこに多くの需要が存在するのでしょうか。

　図表 9 － 9 は米国の 2008 年から 2018 年までの 10 年間の人口の増減を州別に表したものです。色が濃いほど人口の増加率が高い州で色が薄いほど人口の増加率が少ない州であることを示しています。これをみると米国の人口は全体的に東部・中西部から西部・南部に移動してきていることがわかります。1％以上の人口増加を経験した州を西部と南部に分けトップから見ると西部ではユタ州（1.73％），テキサス州（1.68％），コロラド州（1.54％），ノースダコタ州（1.46％），ワシントン州（1.39％），アイダホ州（1.35％），ネバダ州（1.35％），ア

| 図表9−10 | 高州法人税率（（人口増加率高）：％） |

順位	州名	人口増加率	州法人税率
1	ユタ州	1.73	4.95
2	テキサス州	1.68	総収入税
3	コロラド州	1.54	4.63
4	ノースダコタ州	1.46	4.31
5	フロリダ州	1.40	4.46
6	ワシントン州	1.39	総収入税
7	アイダホ州	1.35	6.93
8	ネバダ州	1.35	総収入税
9	アリゾナ州	1.34	4.90
10	サウスカロライナ州	1.16	5.00
11	ノースカロライナ州	1.10	2.50
12	オレゴン州	1.07	7.60
13	ジョージア州	1.02	5.75

| 図表9−11 | 低州法人税率（（人口増加率低）：％） |

順位	州名	人口増加率	州法人税率
1	アイオワ州	0.45	12.00
2	ニュージャージー州	0.22	10.05
3	ミネソタ州	0.67	9.80
4	イリノイ州	0.00	9.50
5	アラスカ州	0.70	9.40

（出所）人口増加率　PEW 州法人税率
Bloomberg Tas 2020 年 1 月 1 日より筆者が作成。

リゾナ州（1.34％），オレゴン州（1.07％）となります。

　南部ではフロリダ州（1.4％），サウスカロライナ州（1.16％），ノースカロライナ州（1.1％），ジョージア州（1.02％）です。人口が増加している州に特徴的な共通項があります。それは法人税率が米国全体の平均に比べ相対的に低いということです。つまり租税率の低いところに企業が向かうので，それに連れて人々が移動し雇用が増えるということです。アメリカ合衆国の法人税は，内国歳入庁（IRS）が課す連邦税と，地方自治体が課す地方税，州政府が課す州税の3つがあります。このうち州税は州が税率を定められるので，税率が安い州には企業が流入してきます。米国の人の流れは税率の高い北東部や中西部から西部，南部へと移動する大きな流れの中にあるのです。

　図表9−12 は2020 年 1 月に全米不動産鑑定士協会が発表した今後 3 年から

図表9-12	今後3年から5年で最も成長するマーケット

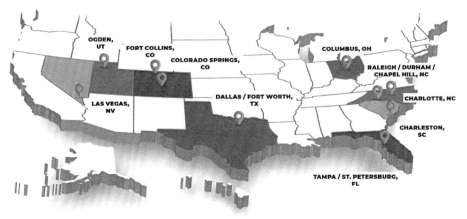

The National Association of Realtors® identified 10 markets expected to outperform over the next three to five years. In alphabetical order, the markets are:

・Charleston, South Carolina
・Charlotte, North Carolina
・Colorado Springs, Colorado
・Columbus, Ohio
・Dallas-Fort Worth, Texas
・Fort Collins, Colorado
・Las Vegas, Nevada
・Ogden, Utah
・Raleigh-Durham-Chapel Hill, North Carolina
・Tampa-St. Petersburg, Florida

（出所）Cnarleston Regional Business Journal.

　5年の間に最も成長するマーケットを示した地図ですが，米国で人口増加して
いる地域とほぼ重複します。全国不動産鑑定士協会によると最も成長するメト
ロエリアはノースカロライナ州で2か所（シャーロット，ライリー＝ダーラム＝チ
ャペルヒルメトロエリア），コロラド州で2か所（コロラドスプリングス，フォートコ
リンズ），サウスカロライナ州のチャールストン，テキサス州のダラス＝フォー
トワースメトロエリア，ネバダ州のラスベガス，ユタ州のオグデン，フロリダ

2）Top 10 Real Estate Market Expected to Outperform over the next Three to Five
　years, The National Association of Realtors.

州のタンパ＝セントピーターズバーグメトロエリアが挙げられます[2]。今後伸びると想定されているエリアは主に南部・西部ですが中西部で選択された唯一の例外がオハイオ州の州都コロンバスです。コロンバスはオハイオ州立大学やアバクロ，ウェンディーズなどの米国企業本社やホンダの生産・開発本社，日立製作所，ブリヂストン，花王などが進出するなど中西部の一大製造拠点です。協会がこれらのエリアを選ぶにあたっては年齢構造，退職者への魅力，住宅価格その他複数の要因を変数として計算しています。就業機会の増加率という観点から見ると全国平均が1.6％であるのに対し，10地域平均で2.5％と高く，特にユタ州オグデン，ネバダ州ラスベガス，テキサス州ダラス，ノースカロライナ州ライリーでは3％以上の伸びを示しています。人口でみればコロラド州のコロラドスプリングが21％，フォートコリンズが17％，ラスベガスが16％の伸びを記録しました[3]。データはコロナ禍以前のものですが，都市群はIT産業などを中心とした最先端産業地域やリタイアメント人口を集めるエリアでますます発展していくと思われます。ただしこれらのエリアは比較的住宅価格が廉価なため賃貸より不動産を購入する層が多いとのことです。キャピタルゲインよりもインカムゲインを重視する投資家にとってはニューヨークやシカゴと

図表9-13		コロナ禍での全米20都市住宅価格上昇率（単位：％）2019年第三四半期〜2020年第二四半期			
順位	都市名	上昇率	順位	都市名	上昇率
1	フェニックス	8.96	11	デンバー	4.02
2	シアトル	6.50	12	ロサンゼルス	3.91
3	タンパ	5.89	13	ワシントン	3.54
4	シャーロット	5.74	14	ボストン	3.51
5	クリーブランド	5.40	15	ラスベガス	3.33
6	ミネアポリス	5.39	16	デトロイト	3.07
7	サンディエゴ	4.98	17	ダラス	3.06
8	ポートランド	4.25	18	ニューヨーク	1.67
9	アトランタ	4.20	19	サンフランシスコ	1.45
10	マイアミ	4.03	20	シカゴ	0.60

（出所）S&P/Case-Shiller 20-City Composite Home Price Indes.

3）Top 10 Real Estate Market Expected to Outperform over the next Three to Five years, Peter G. Laughlin Group, Jan. 1, 2020.

図表9－14	米国の州の不動産価格の中央値

ハワイ	$615,300	ロードアイランド	$261,900	ペンシルバニア	$180,200	オハイオ	$145,700
カリフォルニア	$505,000	ニューハンプシャー	$261,700	ジョージア	$176,000	アラバマ	$142,700
マサチューセッツ	$381,600	デラウェア	$251,100	テキサス	$172,500	インディアナ	$141,700
コロラド	$343,300	モンタナ	$230,600	ノースカロライナ	$172,500	ケンタッキー	$141,000
ワシントン	$339,000	バーモント	$227,700	ニューメキシコ	$171,400	オクラホマ	$136,800
ニュージャージー	$335,600	アリゾナ	$225,500	テネシー	$167,200	アーカンソー	$127,800
メリーランド	$314,800	ミネソタ	$223,900	サウスダコタ	$167,100	ウエストバージニア	$119,600
ニューヨーク	$313,700	ワイオミング	$220,500	ルイジアナ	$163,100	ミシシッピ	$119,000
オレゴン	$312,200	フロリダ	$215,300	サウスカロライナ	$162,300		
ユタ	$279,100	アイダホ	$212,300	ミズーリ	$157,200		
コネチカット	$275,400	イリノイ	$194,500	ネブラスカ	$155,800		
バージニア	$273,100	ノースダコタ	$193,900	ミシガン	$154,900		
アラスカ	$270,400	メイン	$190,400	カンザス	$151,900		
ネバダ	$267,900	ウィスコンシン	$180,600	アイオワ	$147,800		

（出所）World Population Review.

図表9－15	米国の州ごとの空室率

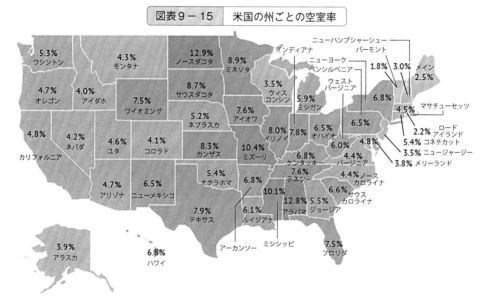

（出所）i propery management のデータを基に筆者が編集。

いった大都市に住む学生や駐在員をターゲットに絞るのがよいでしょう。

９－３－２．州別の不動産価格と空室率

　さて米国の成長著しい州はユタ州，コロラド州，テキサス州，サウスカロ
ライナ州，ネバダ州などであることはわかりました。しかし高い利回りがほ
しいという賃貸経営の目線から見れば図表９－14のように人口が流入する州
はすでに価格が上昇している場合が多く全米平均住宅価格でもコロラド州（４
位），ユタ州（10位），ネバダ州（14位）など高い価格帯に位置しています。注
目のテキサス州（27位），サウスカロライナ州（33位）などは比較的安いですが，
テキサス州のダラス郊外にはトヨタも米国本社をロサンゼルスから移転するな
ど注目され値段は上昇しています。高利回りという観点からみると安い不動産
価格と低い空室率に焦点を当てて戦略を立てることが必要です。成長著しい都
市に高い物件を購入しても２倍や３倍も家賃をとれるわけではないからです。
そこで不動産価格が安いけれど空室率が低く確実に収益が出せる場所を探すこ
とが求められます。不動産価格で安い順番に10位まで並べていくとミシシッ
ピー州，ウエストバージニア州，アーカンソー州，オクラホマ州，ケンタッキー
州，インディアナ州，アラバマ州，オハイオ州，アイオワ州，カンザス州の順
に並びます。住宅価格が安い中で低い空室率を示している州はケンタッキー州
（4.3%），オハイオ州（4.6%），ウエストバージニア州（5.3%）などです。これら
の州の人口はケンタッキー州が全米50州のうち25位（400万人），オハイオ州
が７位（1,135万人），ウエストバージニア州が40位（181万人）です。州民の
豊かさを表す１人あたりGDPはケンタッキー州が38,148ドル，オハイオ州が
41,073ドル，ウエストバージニア州が31,914ドルで，米国平均の48,834ドル
を下回っています[4]。しかし日本の１人あたりGDP（40,246ドル（2019年））と
の比較ではウエストバージニア州を除いては遜色ありません。ケンタッキー，
オハイオ，ウエストバージニアなどはラストベルトと呼ばれる古い産業地帯で

---

[4]　アメリカの州ごとの人口・面積・GDPについて，https://www.cas.go.jp，2021月
　　９月。

ウエストバージニアなどは鉄と石炭で栄えた地域です。しかしオハイオ州やケンタッキー州では製造業が盛んな立地を生かし日本企業の工場も多く進出しています。ホンダの北米拠点はオハイオ州コロンバス郊外にありますし，トヨタのメイン工場はケンタッキー州にあります。また中西部にはビッグ10と呼ばれる州立大学があり研究も盛んです。需要の多い工業団地や学生街にターゲットを絞り賃貸経営を行うことで収益を上げることを目指すことができます。

9－3－3．米国不動産物件の検索

　米国の不動産物件を検索する方法についてみていきます。アメリカには複数の物件サイトがあり，どれも内容が充実しています。代表的なサイトにはZillow, Redfin, Areavibes, Trulia などがあります。既に購入エリアの選択を終えている場合は別として都市の中でどこが理想的な場所かを選択するときにはAreavibes を用いるのがよいでしょう。米国の都市の安全は1つ通りを隔てると激変すると言われています。安いからと言って危険なエリアに物件を購入して不良住居人に占拠されれば痛い目に遭ってしまいます。米国不動産の購入ロケーションの選択は非常に重要です。Areavibes では市中のエリアごとの快適性，コスト，犯罪，雇用，住居，学校，住人といった項目を変数として計算し，合計したエリアごとのランキングが示されます。そこで大体の目安をつけることができます。その後，Trulia を用い望んでいるタイプの不動産を検索すればよいでしょう。Trulia ではさらに選択した物件の安全度や学区の小中高のレベルも確認することができます。それでは不動産物件が全米5番目に安く手に入るのに賃貸需要は多いケンタッキー州最大都市ルイビル（Louisville）で集合住宅の1棟買い（マルチファミリーあるいはタウンハウス）をするという想定で検索をしてみることにします。

176

米国の住戸の種類
・シングルハウス・ファミリー・ホーム・・・庭付き一戸建て住宅
・コンドミニアム・・・日本でいう区分所有のマンション
・マルチファミリー・・・１つの建物に４つ以上の住戸がある建物
・タウンハウス・・・１つの建物の壁を隔てて２つの住戸で分割した
　もの。それぞれの住戸が所有権を持つ
・デュプレックス・・１つの建物の壁を隔てて２つの住戸で分割した
　もの。片方の住戸にオーナーが住み土地建物を所有している

図表9－16　エリアバイブス Areavibes

（出所）Areavibes.

　まずAreavibesからKentucky, Louisvilleと選択し，出てきた画面をスクロールすると都市環境の良い順にフラグが立ちます。ルイビルでは大体，東部エリアと東南部エリアに安心で快適に暮らせる物件が連なっていることが確認できます。見当をつけたら次に Trulia のサイトをみて物件を選択していきます。
　Trulia を起動し，Louisville を検索します。検索したらタウンハウス（Townhouse）とマルティファミリー（Multi Family）を選択します。表示された物件の中から興味のある建物を選択します。

図表9－17	テューリア Trulia

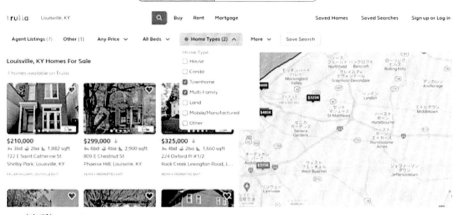

（出所）Trulia.

図表9－18	ルイビルの1棟買いアパート

（出所）Trulia.

　南東部の人気エリアにマルチファミリーのアパートがあります。それを選択してみましょう。

　1925年に建てられた建物ですが，1階に5世帯，2階に2世帯住むことができる住居です。売却価格は325,000ドルでロケーションは町の中の最高エリアの1つです。Truia では選んだ物件の Crime（犯罪）可能性についてみることができます（図表9－19）。青色が濃いほど危険が高いことを示しますが，当該エリアは薄い色でほとんど危険のないことがわかります。小中高を見ると

10段階で1〜3と良くありませんが（最低7以上は必要と言われています），独身かカップルの賃貸住居ですので学区の良し悪しは関係ありません。近隣のレストランやショッピングも充実しています。

図表9−19	街の安全性の確認

（出所）Trulia.

図表9−20	学区のレベル

（出所）Trulia.

9−3−4．米国不動産の購入プロセス

　米国不動産の購入プロセスは日本と異なります。日本では売り手と買い手を1つの不動産仲介会社が仲介しますが米国では売り手の不動産会社と買い手の不動産会社が異なり，それぞれの会社が雇った弁護士をエスクローという透明

性のある第三者機関を介して売買を行うところに特徴があります。州や郡によって法律や慣習が異なるところもありますが共通項をまとめニューヨークの区分マンション（コンドミニアム）を購入するという想定でプロセスをみていきたいと思います。

1. 物件を決めたら希望購入額，希望登録日，その他条件を購入希望契約書（Purchase Contract）に書き込んで，売り手側の不動産会社あるいは売り手本人にオファーを入れます。

2. ローンを組む人は事業計画を策定しローンの申し込みをします。金融機関から仮承認が得られれば売主に安心感を与え交渉がしやすくなります。売買契約が成立した後は正式なローン申請を行います。

3. 売り手の不動産会社は売買契約の準備のために不動産鑑定書，測量調査，タイトル保険（不動産の名義に関わる権原の瑕疵によって生じた損失を補償する保険），登記簿（不動産に約束手形や不動産ローンが課されていないか調査），納税証明書，居住証明書，水道光熱費支払書，賃貸契約書などを準備し調査します。買い手の不動産会社も同時に物件調査にあたり，権原調査，タイトル保険，建物使用許可証明，納税証明，光熱費の支払い証明など調べ，適切な物件であると判断すればその旨を買主に告げます。

4. 双方が合意すれば売買契約書にサインがなされます。買主はそこで10％の保証金（デポジット）を支払う必要があります。契約と同時にエスクロー口座が開かれデポジットはエスクロー口座で保管されます。保証金の支払後でも売り手はより良い条件をオファーした買い手の申し出を受けることができます。

エスクロー

エスクローは不動産取引にかかわらず米国で商取引をする際に用いられる第3者機関です。不動産取引の場合は①金銭の受領，保管，管理，②タイトルレポート（権原調査書と訳されます。買主の所有権に関する調査で物件に手形やローンが課されていないか調査します），③手形や抵当権

の解除，④クロージングステートメントの発行（精算報告書），⑤売り手・買い手双方の不動産業者への手数料の分配（米国の場合は売手が手数料のすべてを支払います），⑥譲渡証書の保管，⑦登記申請などを行います。

5．売買契約書が交わされたのちにマンションの管理組合の許可を得ます。許可を得るためには公認会計士がサインした収入証明書，3年間の所得申告，銀行の残高証明書，人物と財政状況の照会状，キャリア照会状などを提出し認められることが必要です。通常提出書類に不備がなければ許可が下ります。

6．双方の関係者が出席し通常売り手の弁護士オフィスでエスクローのクロージングセレモニーが開かれ，書類の確認と購入残金の支払いが行われます。登記費用，水道光熱費，エスクロー費用，弁護士費用，査定費用，インスペクション費用などが支払われます。第3者に対して自分の権利を主張できるように，必要な行政機関に登記を登録しておくよう弁護士に依頼することを忘れないようにしましょう。

　エスクローが開始されて閉じられるまでの期間は35日から40日程度かかります。アメリカでの不動産の購入手数料は安く物件価格の1.2〜2.5%程度です。これは売り手が仲介手数料の全額を負担するためです。このため売り手の費用は不動産価格の7.5〜8.5%と高くなります。年間に支払う固定資産税は平均で不動産価格の2〜2.5%となります。

9−4．オーストラリアの不動産の購入
9−4−1．オーストラリアマーケット

　オーストラリアの不動産価格の推移を2016年から見ると図表9−21のように上下動を繰り返していることがわかります。ABS（Australian Bureau of Statistics）によると2017年の第4四半期から2019年の第2四半期まで，オーストラリアの不動産価格は下落します。2018年の下落幅は9.6%，2019年は

13.8％の下落でした。下落理由の１つに挙げられるのは，①住宅価格高騰により一般家庭の住宅ローンの負債が大きくなり融資規制が導入されたこと，②中国人投資家の不動産購入額が減少したことなどによります。中国人投資家の購入金額は2017年に319億オーストラリアドル（以下AUD）でしたが，2018年には126億AUD，2019年には60億AUDとわずか３年の間に５分の１以下に減少しました。これに代わって増えたのが北米からの投資です。2019年の米国投資家による豪州の不動産投資額は195億AUD，それに次ぐカナダ人の133億AUDと投資家は中国人から北米へと国籍に変化が見られます。中国人投資家の減少は①中国政府による中国人投資家の監視体制の強化，②中国政府による資本逃避に対する取り締まりの強化などの理由があります。現在中国人１人が送金できる年間限度額は５万米ドルに限られているため，今後の海外不動産の価格に影響を与えそうです。

　このようなわけで２年間下落したオーストラリアの不動産価格は2019年第２四半期から上昇に転じ，コロナバブル禍の中成長を続けています。しかし米国でテーパリングが決定（2021年11月開始）されていますのでこの勢いを保てるかどうかは疑問です。

<table>
<tr><td>図表９－21</td><td>オーストラリアの不動産価格の推移</td></tr>
</table>

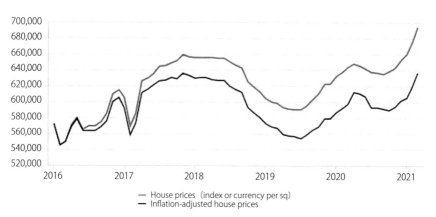

■ Australia

House prices（index or currency per sq）
Inflation-adjusted house prices

（出所）Global Property Guide.

　オーストラリアは日本の20倍の面積ですが，人口は日本の5分の1程度の2,565万人です。人口密度でいえば日本の100分の1程度です。しかし広大な土地の中で人が住んでいる場所は限られています。オーストラリアの住居数は1,050万軒程度で，そのうち77％はニューサウスウェールズ州（31％），ヴィクトリア州（25.9％），クイーンズランド州（20％）の3州に集中しています。それぞれの住戸数はそれぞれ325万軒，272万軒，210万軒になります。

　住戸の一番多いニューサウスウェールズ州の州都シドニーの人口が一番多く536万人，ヴィクトリア州の州都メルボルンが516万人，クイーンズランド州のブリスベンが256万人で，この3都市の人口を合わせると1,308万人でオーストラリアの人口の過半数となります。図表9－23はオーストラリアの8つの州の州都の人口増加率を示しています。対2019年度比で人口増加率が最も

| 図表9－22 | オーストラリアの人口集中エリア |

（出所）海外留学推進協会。

高いのはブリスベン，パース，で以下メルボルン，キャンベラ，アデレード，
ホバート，シドニー，ダーウィンとなっています。人口増加率はオーストラリ
ア最大の都市シドニーに対し，ブリスベンやパース，メルボルンなどが高くな
っています。しかし2019年の第2四半期から2020年の第1四半期の住宅価格

| 図表9－23 | オーストラリア州都の人口増加率 |

	ERP at 30 JUNE 2020	2019-20 (no.)	2019-20 (%)
Sydney	5,367,206	57,107	1.1
Melbourne	5,159,211	80,088	1.6
Brisbane	2,560,720	46,914	1.9
Adelaide	1,376,601	16,127	1.2
Perth	2,125,114	37,559	1.8
Hobart	238,834	2,610	1.1
Darwin	147,231	-184	-0.1
Canberra	431,380	5,095	1.2
Total capital　cities	17,406,297	245,316	1.4

（出所）Australian Bureau of Statistics.

| 図表9－24 | オーストラリア州都の人口増減 |

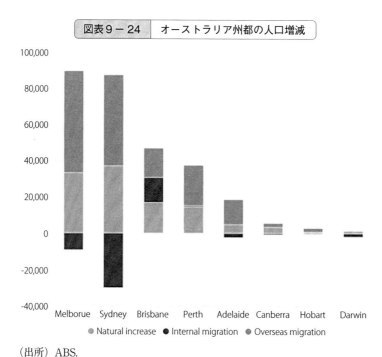

（出所）ABS.

の上昇率でみると，シドニーが12％，メルボルンが10.8％，ホバート7％，キャンベラ3.5％，ブリスベン3.1％，アデレード1％，パース－0.6％，ダーウィン－2.1％となっています。この理由は図表9－24にみられるように，シドニーやメルボルンでは海外投資家の流入が激しく，住宅価格の高騰に堪えられなくなった賃借人や住民が他の都市に移住していったことがわかります。

　ABSの統計ではシドニーの不動産価格の平均は全豪平均の25％高い890,400AUDで1AUD＝85円で計算すると約7,500万円もします。最安値のノーザンテリトリーでは413,200AUDで3,500万円程度ですが，平均では5,600万円程度です。オーストラリアドルは変動が激しいので，1AUD＝60円くらいになったときを狙えば5,600万円の物件も4,000万円ほどで購入できます。シドニーは過熱しているので比較的安い地区に物件を購入するという手段も考えられます。例えば首都キャンベラはほぼオーストラリア平均で物件を購入できますし，西オーストラリアやノーザンテリトリーの価格は下落しています。タスマニアは観光で脚光を浴び上昇しつつありますがニューサウスウェー

| 図表9－25 | オーストラリアの各州都の平均住宅価格率推移 |

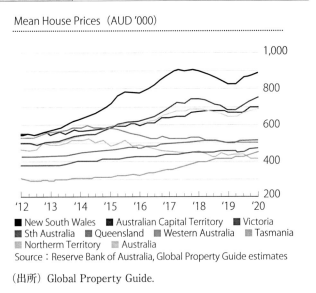

Mean House Prices（AUD '000）

■ New South Wales　■ Australian Capital Territory　■ Victoria
■ Sth Australia　■ Queensland　■ Western Australia　■ Tasmania
■ Northerm Territory　■ Australia
Source：Reserve Bank of Australia, Global Property Guide estimates

（出所）Global Property Guide.

図表９−26	オーストラリアの人口集中度合い

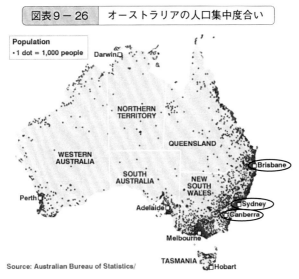

（出所）Australian Bureau of Statistics.

図表９−27	オーストラリア主要都市　賃貸物件空室率（2021年2月時点）

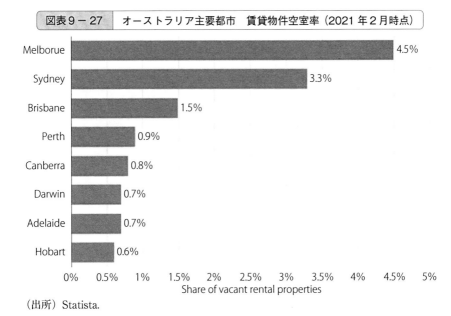

（出所）Statista.

ルズの半額ほどで購入できます。首都キャンベラはシドニーから286km，車で3時間の距離です。オーストラリアの首都ですが週日はシドニーから多くの政府関係者や公務員が仕事をし，週末はシドニーに帰ります。このためキャンベラの賃貸物件は全豪で最も空室率が低い都市の1つになっています。豪州の主要都市の空室率を比較するとメルボルン（4.5%）シドニー（3.3%），ブリスベン（1.5%），パース（0.9%），キャンベラ（0.8%），ダーウィン（0.7%），アデレード（0.7%），ホバート（0.6%）となっています。キャンベラはメルボルンとシドニーの間に位置する絶好のエリアであり，空室率が非常に低く，また物件価格も安いので不動産投資には最高のロケーションといえます。

9−4−2．オーストラリアの物件購入

　それではオーストラリアの物件購入の手続きについてみていきましょう。まず非居住者である外国人が物件を購入する場合には中古物件の購入はリゾート特区内の物件に限られ，それ以外は新築しか購入できません。また非居住者の新築の購入は外国投資審査委員会（FIRB（Foreign Investment Review Board））からの認可が必要になります。そこで確認申請が下りるまで契約の執行に猶予を与えてくれる不動産会社を探す必要があります。オーストラリアでは不動産売買は買主を代表する弁護士と売主を代表する弁護士を介して行うのが基本です。売り手と買い手の不動産会社の雇った弁護士を通して手続きが行われます。手順は以下のようになります。

1．買い手は購入申込書を売主に提出します。
2．売り手の弁護士は土地情報局から登記内容を手に入れ契約書を作成します。また地方行政府から土地区画証明，水道局から上下水道配管図などを手に入れ買い手側に渡します。
3．買い手の弁護士は契約書とその他の書類に問題がなければ，買い手に契約書にサインするよう促します。
4．売り手が購入者に関する調査を行い売り手側によるサインがなされます。
5．買い手から売り手の口座に手付金が入金されます。

6．弁護士，専門業者の立ち合いのもと物件調査が行われます。

7．残金の決済，物件の引き渡しが行われます。

8．買い手の弁護士は移転登記を州税務署及び土地情報局に登録します。

次に不動産売買にかかる費用についてみていきます。

> ・印紙税・・・契約書を州税務署に送付したのちにかかる費用で，不動産の取得額によって異なるほか，州によっても税率が異なります。例えばニューサウスウェールズ州では不動産購入額の 1.25％〜6.75％になります。
> ・不動産譲渡手続き費用・・・不動産価格の 0.5 〜 2 ％
> ・弁護士費用・・・AUD2,000 〜
> ・登記費用・・・0.1 〜 0.6％
> ・不動産会社への手数料・・・不動産価格の 1.76 〜 9.35％
> ・外国人取得税・・・不動産価格の 7 〜 8 ％（外国人の投資抑制のために設けられた）

（出所）Global Property Guide.

次に不動産を賃貸に出して得られた収入にかかる税率についてみていきます。非居住者の賃貸収入への税率は次のように 32.5％〜 45％と高くなっています。

> ・87,000AUD までの賃貸収入に掛かる税率　32.5％
> ・87,000 〜 180,000AUD までの賃貸収入に掛かる税率　37％
> ・180,000AUD 以上の賃貸収入に掛かる税率　45％

またキャピタルゲイン課税（不動産の値上がり益への課税）に関しても賃貸収入と同じ税率が課されます。ただし購入資産が 12 か月以上保有されていたのならキャピタルゲインの 50％が免税されます。

固定資産税は州によって異なりますがそれほど高額ではなく，不動産の公示

価格が482,000AUD以下であれば100AUD，482,000～2,947,000AUDであれば1.6%，2,947,000AUD以上であれば2%となっています。

　オーストラリアでは賃貸需要は多く人口の増加率は先進国1位ですが高税率を覚悟しなくてはなりません。これは国民の所有や賃貸を優先しており海外からの不動産投資はコスト高になるような設定がなされているためです。

９－５．ドイツの不動産物件購入

９－５－１．ドイツ不動産市場の動向

　ドイツでは不動産価格の上昇が図表9－28のように長期的に続いています。これは①低金利が継続していること，②住宅の供給不足，③西側先進国最大の難民受け入れ国であることなどが要因になっています。①の低金利が継続していることについて新築住宅ローンの例についていえば2019年の金利は1.78%，2020年1.28%，2021年2月時点で1.17%に下落しています（出典：ドイツ連邦銀行（Deutche Bundes Bank））。②の住宅の供給不足については2007年にドイツの住宅購入に対する消費税が3%から19%に急上昇したこと，また住宅

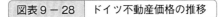

図表９－28　ドイツ不動産価格の推移

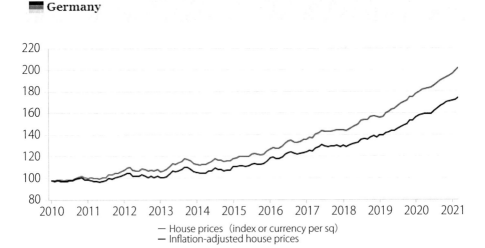

■ Germany

― House prices（index or currency per sq）
― Inflation-adjusted house prices

（出所）Global Property Guide.

購入に対する補助金が廃止されたことに起因します。そのため新築許可件数は
1992 年～ 1999 年の間，平均 476,000 軒あったのが，2001 年～ 2015 年には平
均 222,000 軒と大幅に減少しました。③についてメルケル政権は 2015 年に 110
万人の難民を受け入れたのを皮切りに，2016 年 28 万人，2017 年以降 20 万人
というペースで受け入れています。難民は大都市に居住して職を求める傾向に
あるので，ただでさえ供給不足が続く都市部ではドイツ市民や他のシェンゲン

| 図表 9 － 29 | ドイツの人口拡大部 |

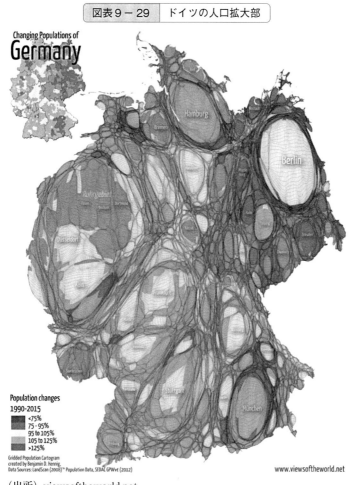

（出所）viewsoftheworld.net

条約国から働きに来ている労働者との住宅の奪い合いが起きている状況が伝えられています。

9−5−2．ドイツ不動産投資ロケーション

　図表9 – 29 は 2015 年に作成されたドイツの地域別の経済力とデモグラフィを視覚的に表したもので，円の大きさが経済力を示し，色で人口増減を示しています。人口の増えているところは濃い色で示されており，最大の増加率を示しています。色の濃い場所を見ると，ベルリン周縁部，ハンブルク周縁部，ミュンヘン周縁部，フランクフルト周縁部，ブレーメン周縁部となります。逆に色の薄い部分を見ると旧東ドイツエリア，鉄鋼とコークスで繁栄したルール工業地帯などで人口減少が進んでいます。この地図は難民受け入れ前の 2015 年に作成されたもので，最新の状況を反映したものではありませんが基本的な傾向はわかります。以下ドイツの成長都市の不動産市場の概要について大きな都市の順にみていきます。

ベルリン

　361 万人を擁するドイツ最大の都市です。ヨーロッパでは人口第 7 位となります。ベルリンは東西冷戦下で西ベルリンと東ベルリンの 2 つに分断されていたため，西ベルリンでは大きな産業が発展しませんでした。東ベルリンでも西が分離され広い場所に工場が移転したため大きな産業が発展しませんでした。東西ドイツが統一してから廉価でアパートを借りられる東側の地に多くのクリエーターたちが移り住んだため今では映画，音楽，ファッションなど文化，芸術，メディアなどの発信地となりました。パンデミック前には 4 万〜6 万人が毎年流入してくる全国屈指の成長都市になりました。

> 2020 年　住居価格上昇率　7.2%　1 ㎡あたり住宅単価　€ 4,743/ ㎡
> 1 − 2 人用　住宅　€ 3,350/ ㎡

（出所）以下のデータは住宅データ：Global Property Guide.

ハンブルク

　183万人を擁するドイツ第２位の都市です。ヨーロッパ第３位の港湾を持つ物流拠点となっています。またドイツメディアの中心地として，ドイツ通信社，北ドイツ放送，民放各社，大手新聞社，雑誌社の本社などが立地しています。技術集約企業の誘致にも積極的でエアバス社がドイツ最大の工場を置いています。またハンブルク空港にはルフトハンザ・テクニック社が置かれています。

```
2020年　住宅価格上昇率　9.5％　1㎡あたり単価　€4,750/㎡
1－2人用　住宅　€3,282/㎡
```

ミュンヘン

　156万人を擁するドイツ第３の都市です。BMWやシーメンスなど世界を代表する企業の本社が位置し，ドイツで最も発展が早く豊かな街です。特に18歳～30歳の若年層を中心に人口が伸びており2020年のコロナ禍でも１％人口が増加しています。生物工学，ソフトウェアサービスなどでも多くの有名企業を擁するドイツ１位の成長都市です。

```
2020年　住宅価格上昇率　5.1％　1㎡あたり単価　€7,882/㎡
1－2人用住宅　€5,806/㎡
```

ケルン

　108万人を擁するドイツ第４の都市です。ドイツで一番人口密度の高いノルトライン＝ヴァストファーレン州に位置します。ケルンの中心から100km圏内は人口1,700万を擁し市場へのアクセスには至便な場所となります。デュッセルドルフも含めこの地はかつてルール工業地帯として石炭と製鉄で栄えましたが，近年は自動車製造，機械工学，エネルギー産業などに軸足を移しています。しかし国内南部と比べ経済的格差が大きくなっていく南北問題にクローズアップされています。2013年に人口は4.1％増加しましたが住宅供給は２％に過ぎず住宅供給ギャップが大きい街になっています。

> 2020年　住宅価格上昇率　10.6%　1㎡あたり単価　€3,609/㎡
> 1－2人用住宅　€2,881/㎡

フランクフルト

　人口76万人を擁するドイツ第5の都市です。ヨーロッパの金融の中心で欧州中央銀行の本部が置かれているほか，約400もの銀行の拠点が置かれています。また世界最大のメッセ（見本市）の開催地としても有名で世界最大のモーターショーやブックフェアなどが開催されます。

> 2020年　アパート価格上昇率　5.5%　1㎡あたり単価　€4,138/㎡
> 1－2人用住宅　€3,210/㎡

シュツットガルト

　ドイツ第6位の都市で人口63万人を擁します。自動車産業のゆりかごと呼ばれ市内にはダイムラークライスラー，ポルシェ，ボッシュをはじめとする多くのハイテク企業が本社を置いています。またシュツットガルト地域には約1,500社の中小企業があり，ドイツにおける中小企業の中心地の1つになっています。これらの企業群がドイツの誇る自動車産業に部品を供給しています。

> 2020年住宅価格上昇率　7.3%　1㎡あたり単価　€4,037/㎡
> 1－2人用住居　€3,782/㎡

デュッセルドルフ

　ドイツ第7位の都市で人口62万人を擁します。質の高い生活と低い生活コストがデュッセルドルフに世界中から企業を惹きつけています。ヨーロッパ最大の日本企業のハブもデュッセルドルフに位置しています。また伝統産業やスタートアップ企業が融合する街でもあります。海外から赴任してくる家族の子弟のためにインターナショナルスクールも充実しています。

2020年住宅価格上昇率　6.9%　1㎡あたり単価　€3,338/㎡

1－2人用住居　€2,944/㎡

ドイツで不動産購入に要する費用は次のようになります。

・不動産譲渡税　不動産価格の3.5〜6.5%

・不動産業者仲介費用　1.5〜3%

・公証人手数料　1.2〜1.5%

・登記費用　0.8〜1.2%

・消費税　19%

年間にかかる費用

　賃貸収入の45%が所得税として徴収されます。ミュンヘンで€640,000の物件を購入すれば表面利回りは3.5%で€2,250です。ベルリンでは€430,000の物件で利回りは3.5%で€1,500程度です。フランクフルトでは€460,000程度の物件で利回りは3.7%の€1,700ほどです。このようにドイツでは高利回りは期待できません。住宅を購入するのに多額の消費税を払い，さらに収益から45%の所得税が差し引かれます。ドイツ市場はほぼキャピタルゲイン狙いの市場と判断することが妥当です。もっとも10年以上経過した物件にはキャピタルゲイン税は発生しません。相続税は累進課税で配偶者と子供は7〜30%の税率で課税されます。

9－6．アイルランド

　アイルランドの不動産価格は2013年から上昇してきましたが，コロナの影響は受けず，2019年からの価格上昇は微増といった状況です。金融機関からの融資規制や住宅供給の増加，ブレクジットの与える影響などにより様子見ムードが高まっているからです。アイルランド最大の不動産検索サイトDaft.ieからは2019年第3四半期の平均住宅価格は€257,114（約3,500万円）であることがわかります。投資の中心は首都ダブリンになりますが，2018年から1

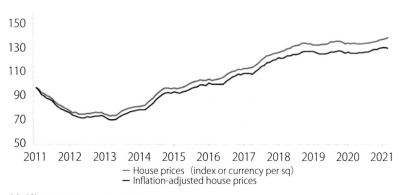

図表9－30　アイルランド不動産の価格推移

■■Ireland

House prices（index or currency per sq）
Inflation-adjusted house prices

（出所）Global Property Guide.

　年間，価格指標で1.48％下落しており，ダブリンで大規模住宅開発が行われた影響が出ています。アイルランドの不動産価格はジェットコースターのように，変動幅が大きく1996年から2006年の間に中古住宅価格は383％，新築で284％上昇しています。2008年のバブル崩壊で2013年まで53％下落，高値掴みをした多くの投資家が困窮することになりました。アイルランドの不動産価格は2008年（－12.4％），2009年（－18.6%），2010年（－10.5%），2011年（－16.7%）と連続下落，その後，世界的な金融緩和で流出したマネーがアイルランドの不動産を購入し2013年（＋6.4%），2014年（＋16.3%），2015年（＋7.1%），2016年（＋9.0%），2017年（＋12.1%），2018年（＋6.25%）と一転上昇の一途を辿りました。アイルランド中央銀行はバブルに対応できなかった教訓から貸し出し規制に乗り出し，融資上限を最初のマイホームは90％，3軒目以降は80％，賃貸用住居に関しては70％までとしました。その結果コロナバブルの影響は受けずに比較的安定した価格を維持しています。

　ダブリンの表面利回りは先進国では一番高いクラスを維持しています。図表9－31の1で示された地域では1ベッドルームのアパートで投資額は約€215,000，家賃はおおよそ€1,530で利回りは8.6％，7で示された地域で

€ 211,000 の投資額で，家賃はおよそ€ 1,470 で利回りは 8.4％ほどです[5]。

| 図表 9 － 31 | ダブリンの不動産価格 |

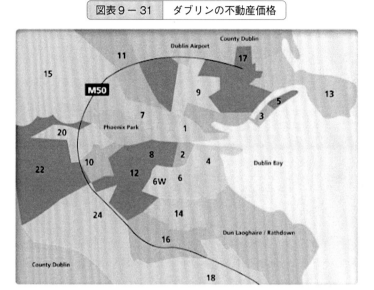

（出所）https://blog.irlandaya.com/

5 ）Global Property Guide, http://globalpropertyguide.com.

索　引

《著者紹介》

筧 正治（かけい・せいじ）

1995 年　インディア大学経営学修士修了
1995 年〜城西国際大学，拓殖大学，日本橋女学館短期大学講師
　　　　を経て，
1999 年　日本大学国際関係学部専任講師，明治学院大学講師
現　在　日本大学国際関係学部准教授

主要著書『人と組織のマネジメント』（創成社）
　　　　『経営セオリー』（創成社）
　　　　『現代経営学要論』（共著，中央経済社）
　　　　『現代の経営管理』（共著，創成社）
　　　　『情報経営の基礎』（共著，日刊工業新聞社）
　　　　など。

（検印省略）

2021 年 12 月 25 日　初版発行　　　　　　略称―ライフプラン

年金だけに頼らない
不動産によるライフプランの作成

著　者　筧　　正治
発行者　塚田尚寛

発行所　東京都文京区　　株式会社　創成社
　　　　春日 2 - 13 - 1
　　　　電　話 03（3868）3867　　　Ｆ Ａ Ｘ 03（5802）6802
　　　　出版部 03（3868）3857　　　Ｆ Ａ Ｘ 03（5802）6801
　　　　http://www.books-sosei.com　振　替 00150-9-191261

定価はカバーに表示してあります。

組版：スリーエス　印刷・製本

落丁・乱丁本はお取り替えいたします。